サスエ前田式
最高に旨い魚の仕立て術

「サスエ前田魚店」5代目店主
前田尚毅

魚への手間ひま

私は生まれも育ちも静岡県焼津です。毎朝、焼津の漁港で獲れた魚を仕入れ、焼津の魚屋の店先に立ち、魚とともに生きています。３６５日魚のことを考え続け、どうやったら皆さんにより美味しく魚を食べていただけるかを追求しています。

１日のうちにどのくらい魚のことを考えているかって？　文字通り24時間、寝ても覚めても魚三昧です。暗い海に出ている漁師さんあっての私達ですから、夜中だっておちおち眠ってもいられないですし、世界中のグランメゾンなどから１日に１０００件ぐらいＬＩＮＥが届くから、一つ一つに返信していたらあっという間に時間が経ってしまいます。それでもまだ時間が足りないくらい、私は魚のことばかり考えています。それができていれば幸せだし、こんなに面白いこと、そうそうやめられません。

さて、これまでも魚の旨味を引き出すのは、「冷やしと脱水が肝」とお伝えしてきましたが、

その「冷やし」の技術一つとっても、常に日進月歩。その技術は、追求すればするほど進化していきます。例えば、仕事の合間にかき氷を食べに行くとする。口に含んだ途端にふんわり溶ける氷が、なぜかお皿の上での溶け方は遅い。「これ、どういうわけ？」と気になります。例えば、静岡市内に用事で出かけた時、駿府城の石垣が目に入ったとする。そうすると、「なるほど、こうやって石を交互に積めば、隙間ができにくいわけか。ならば、輸送する時に発泡スチロールに詰める氷も、石垣のように積めば隙間を作らずに固定することができるわけか」と考えます。何気なく目にしている光景、日々出会う人との会話の中にも、魚を美味しくするヒントは無限に詰まっているんです。全ては自分自身がそういう視点で物事を見ているかにかかっています。

２０２１年の暮れに初めての本を出してから、約2年半が経ちました。まだ2年半しか経っていないと思う方もいるかもしれませんが、毎日こんなことばかり考えて暮らしていれば、半年ですっかり新しい考えに変化してしまうのは当然なのかもしれません。

本書では、「魚を美味しく食べるための仕立て方」の最新技術を丁寧にお伝えしていきます。

私の店には、日本のスターシェフだけでなく、フランスをはじめ、世界中の一流料理人が仕込み技術を学びにやってきますが、この仕込み技術は、決してプロだけに通用するものではありません。地元のお客さんに食べていただく小売の魚も、グランメゾンに卸すプロ向けの魚も、美味しく食べるために施す工夫は基本的に同じです。駿河湾でメインに獲れる大衆

魚を中心に、さばいて仕立てて火を入れるまでのプロセスを、皆さんにお伝えしたいと思っています。

今までも、いろいろなメディアを通じて、魚の見立て方、さばき方、仕立て方をお教えする機会は多かったのですが、本書では、調理、そして調味の例も掲載しました。

即興で作った「チャンチャカチャン料理」ではありますが、目の前にある、仕立てたばかりの魚にどう火を入れ、どう味を入れれば、食べた時に最高の旨味が口の中に広がるのか……その一点に集中して、その場にある野菜や調味料と組み合わせる時間そのものを楽しんだつもりです。

丸魚をどう処理したらいいかわからない……という方は多いと思いますが、これらのコツをつかみ、魚を丸ごと味わえば、お得だし美味しいし、何より楽しいです。

本書が、魚好きの方はもちろん、普段あまり魚を食べる習慣がない方の暮らしを変える一冊になれば、これにまさる喜びはありません。

サスエ前田魚店　前田尚毅

目次

実際に魚料理を作りながらコツをマスター！　67

第3章 サスエ前田魚店の真髄 —— 103

第1章

前田式

魚の美味しさを頂点に持っていくための極意

基礎編

さばくとは？

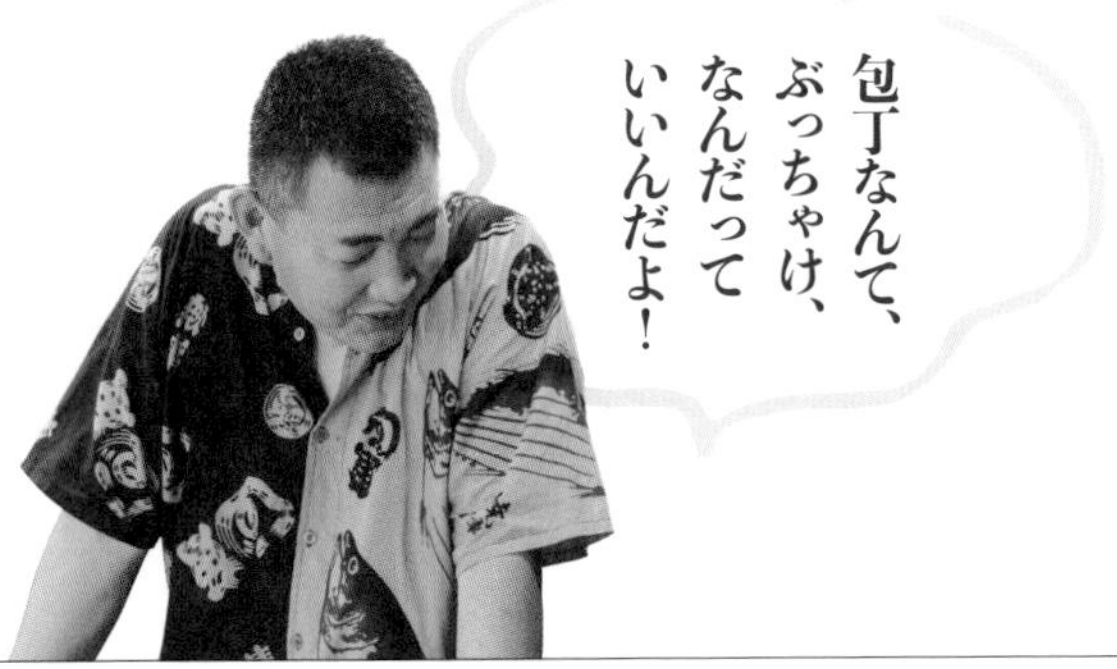
包丁なんて、ぶっちゃけ、なんだっていいんだよ！

簡単にいえば、魚を解体する、食べられる部分と、食べられない部分に切り分けること。

魚のエラやヒレ、食べられない内臓部分を取り除き、骨と肉を分け、身をスライスするといった作業を指しています。ちなみに「魚をおろす」とは、ただ解体するだけでなく、二枚おろしや三枚おろしのように、決まったやり方で切り分けることを指します。ここでは、よく使われる魚のさばき方のコツをお伝えします。

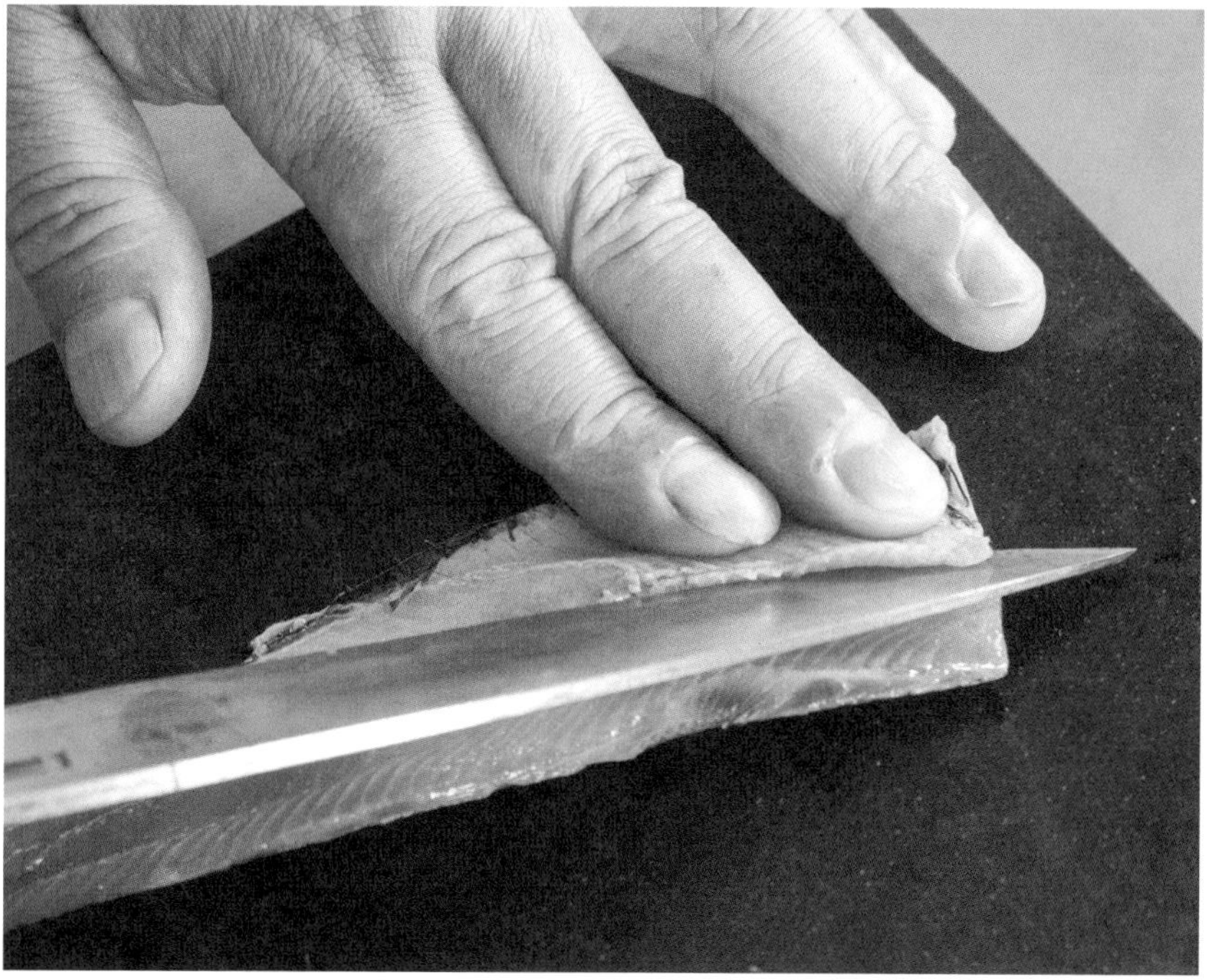

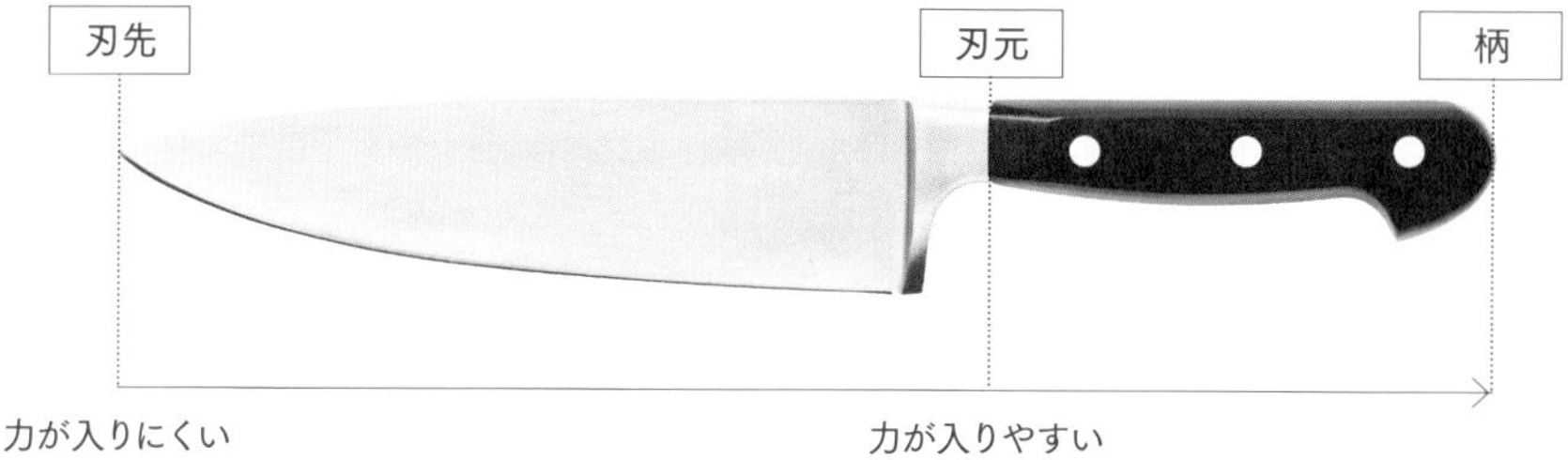

ポイントは
包丁の「入れ方」と「角度」。

「入れ方」＝魚のどの部位に力を入れて切るか。前に出して（押して）切るか、手前に引いて切るかということ。

「角度」＝包丁を斜めに寝かせて着ると自分の脇がしまり、包丁にうまく力が伝わる。

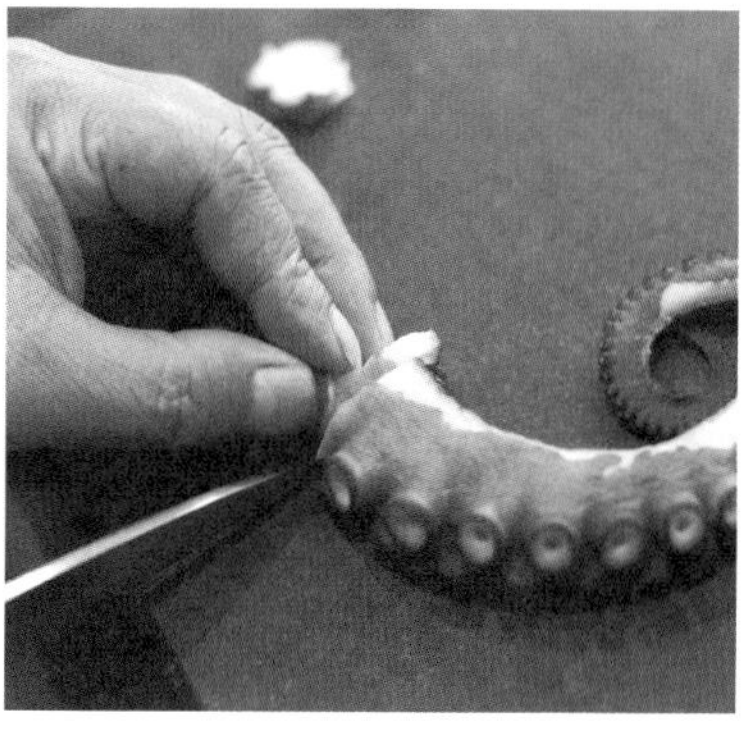

イワシ

選び方

くちばしとエラが黄色く、体が白っぽいもの。ハリがあって腰回りが厚いものが良い。顔から背にかけて、わんぐりと盛り上がっているものは栄養も行き渡っている。

大名おろし

イワシは大きめでも身がやわらかく崩れやすいので、大名おろしにして骨を取り除いて調理しましょう。

1

尾から頭の方向に向かって包丁でなぞるようにしてウロコを取る。

2

尾の方からスーッとなぞるようにして頭の方に引くと、エラのところで包丁が止まる。そこで包丁に角度をつけて、グッと前に出して頭を取る。

3

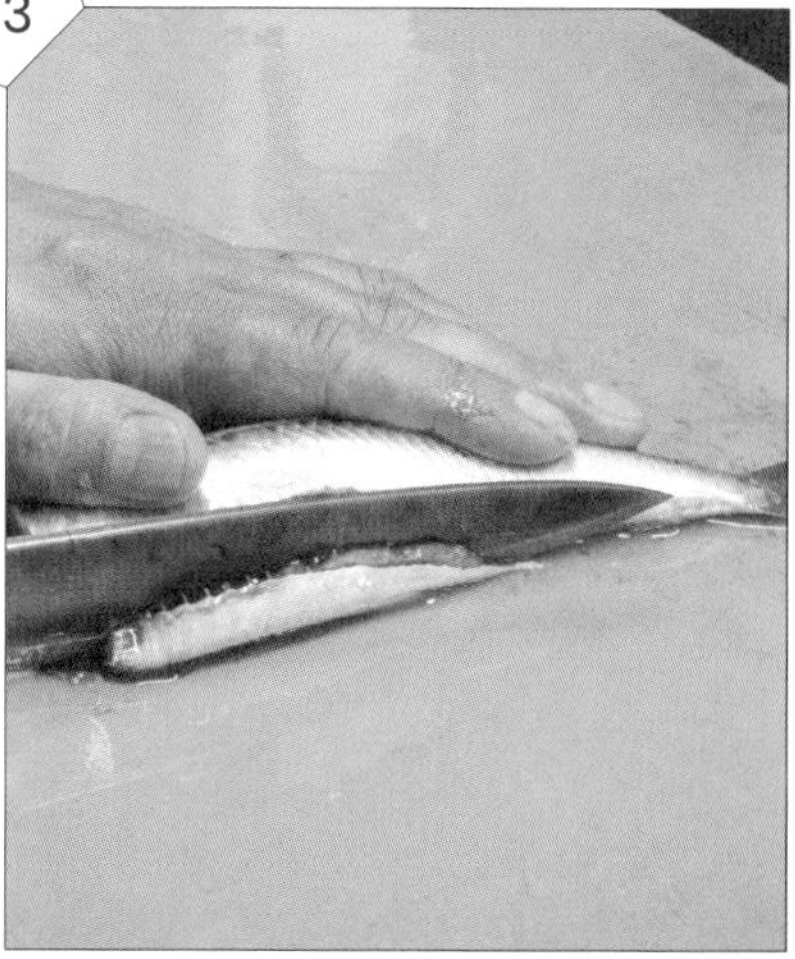

肛門から腹にかけて、包丁を入れる。

4

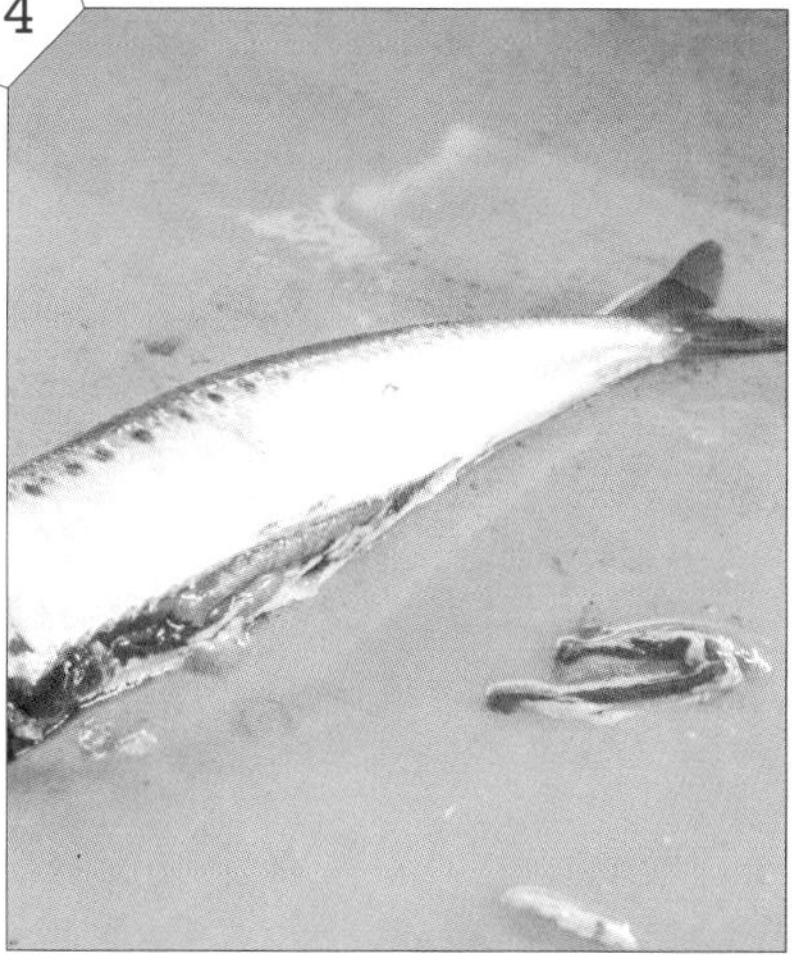

切った時にうっすらと脂が滲んでくるようなら旨味のあるイワシだ。

5

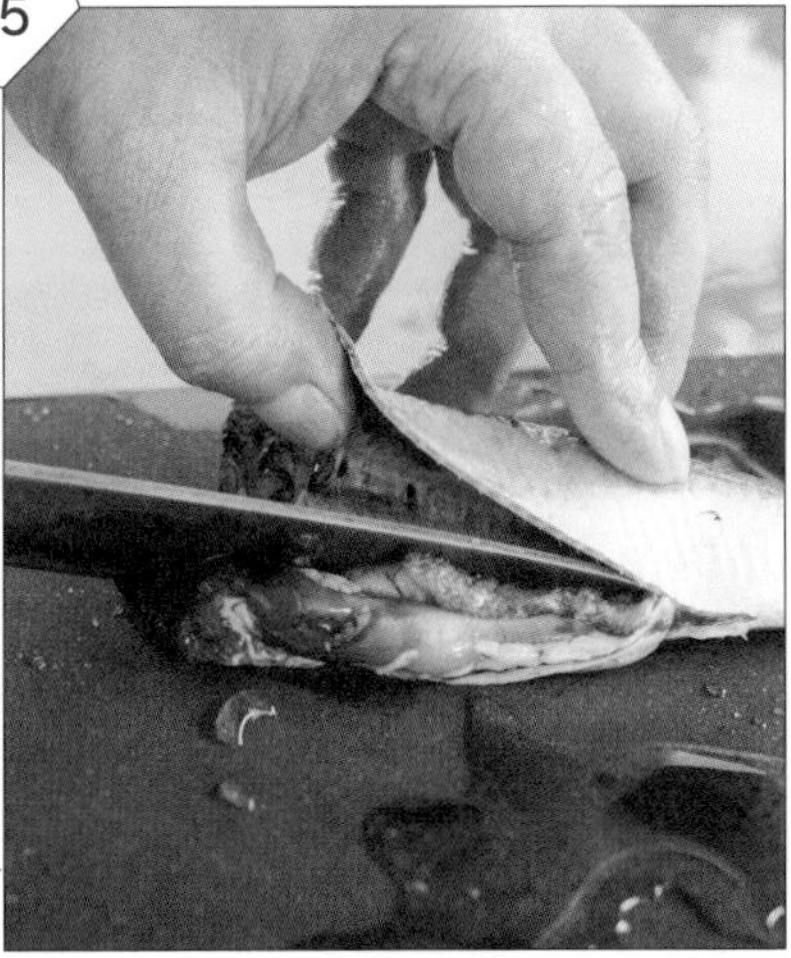

イワシの腹をそっと開くようにして、内臓の上側に包丁を差し込んで手首を返し、こそげるようにして内臓を取り除く。なるべく魚の身に触らないことがポイント。

6

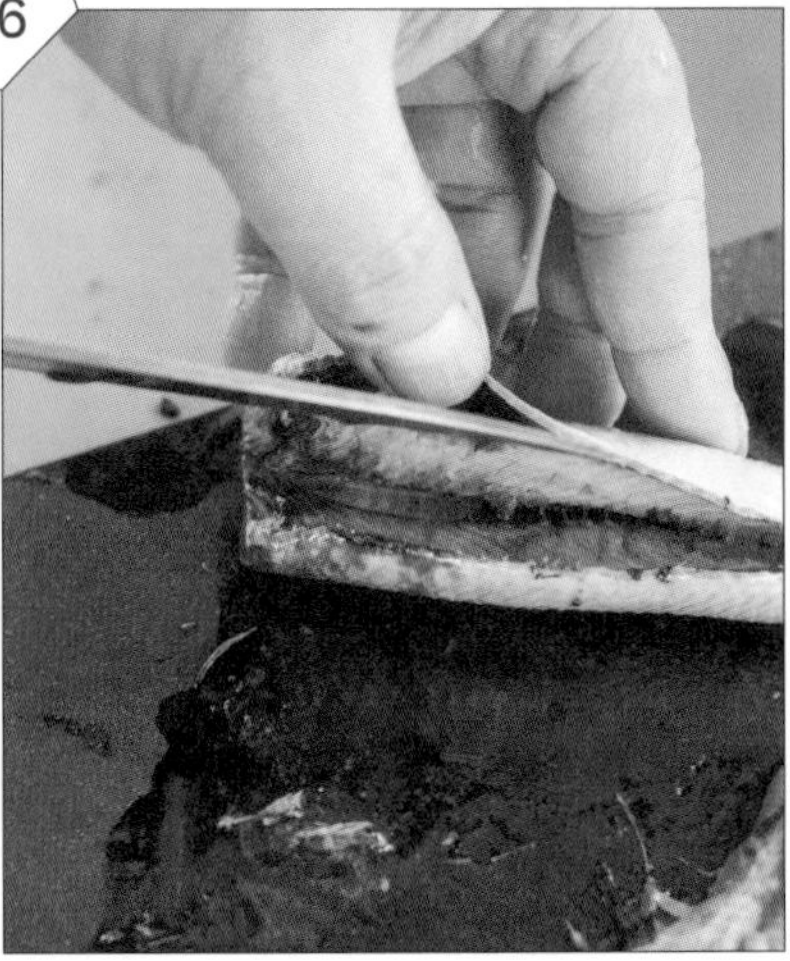

内臓を取り除くと、脊椎のところに血合いが見えるのでそれも同じように包丁を使い、手首を返すようにして取る。

7

流水でサッと洗う。

8

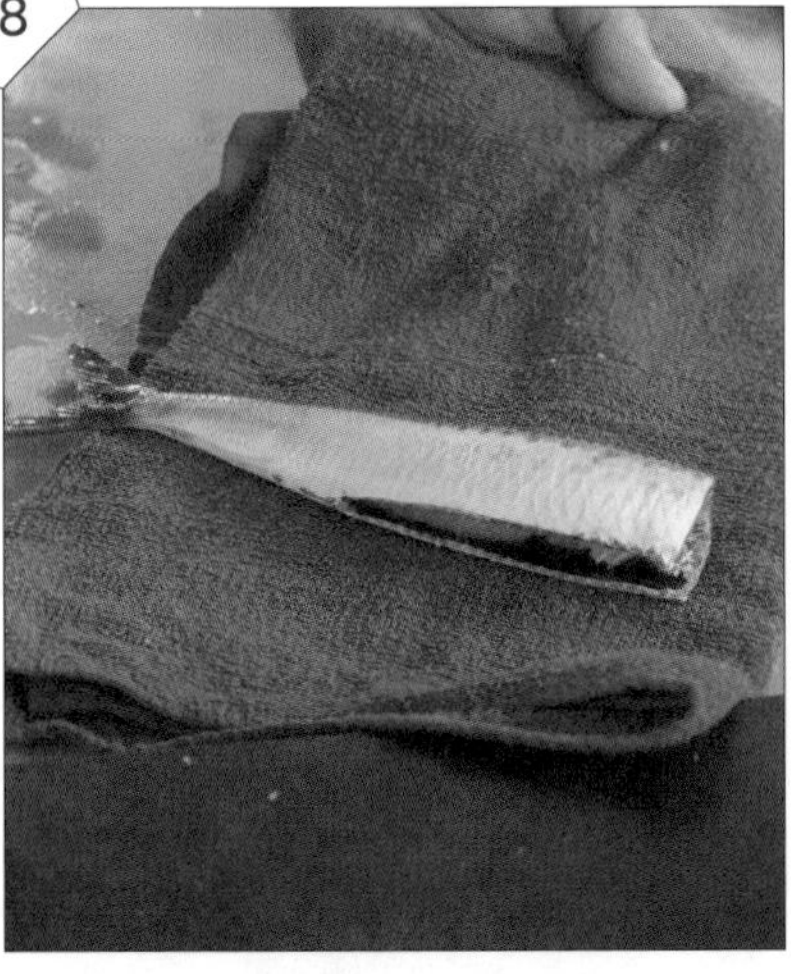

イワシの水気を拭き取る。この時、まな板もきれいに拭くことがポイント。

9

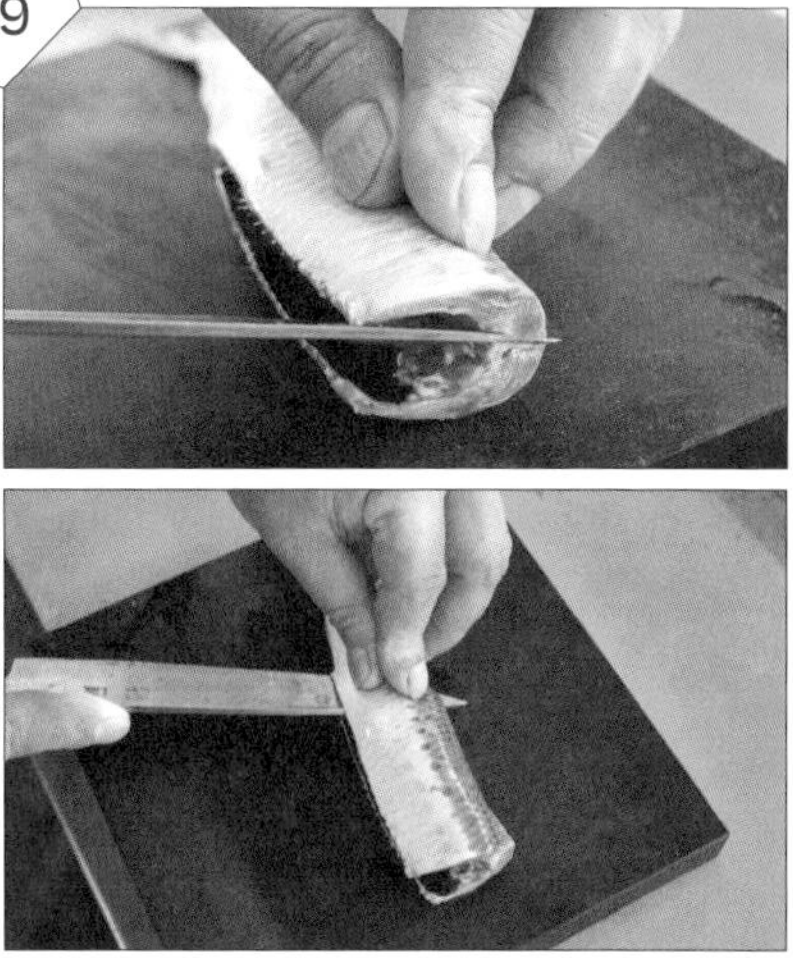

骨に沿って、頭の方から包丁を入れてスッと引く。反対側も背を自分の方に向けて尾に向かって引く。頭部分の骨には縦に切り込みを入れてから、斜めに包丁を入れる。

10

包丁を入れたら掬い上げるように身を切り離す。

11

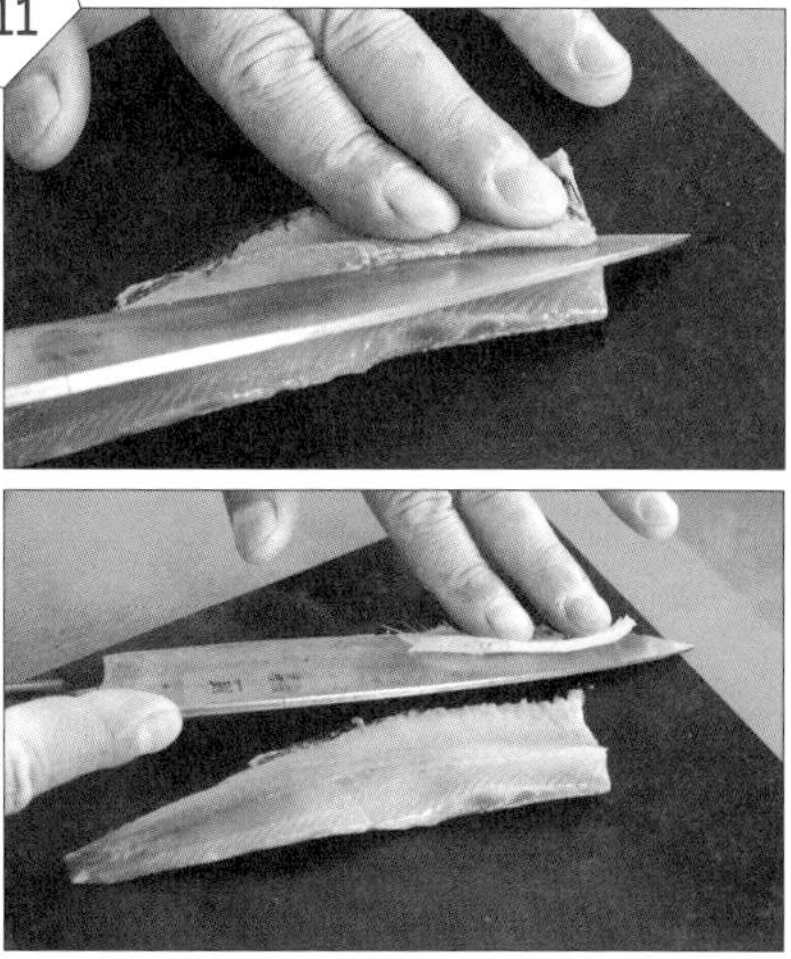

腹骨を取る。包丁を斜めに使って、なるべく薄く、骨だけを削ぐように。両側の腹骨を取ったら完成。

12

塩をふり、15分冷蔵庫で冷やしてからペーパータオルで拭き取る。ラップの上にイワシを乗せてから塩を振り、そのまま包んで冷蔵庫へ入れると楽。

イワシ

手開き

包丁で頭と内臓を除いたら、あとは指で腹を割いて中骨を取る。イワシは、天ぷらやフライなど、調理のレパートリーがたくさん。

1

内臓を取り除くところまでは、大名おろしと同じ方法で。腹を手前にして、左の親指を背骨の奥にグッと押し込み、背骨の上を沿わせながら尾の方まで引く。

2

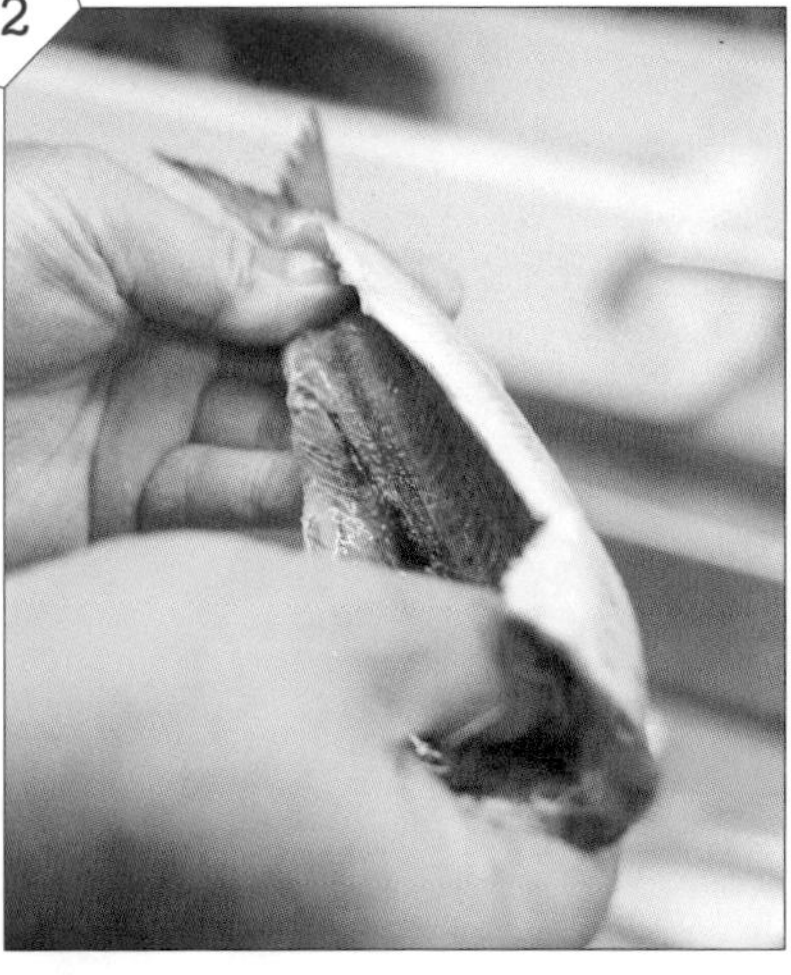

右の親指も同様に押し込み、背骨の上を沿わせながら頭の方へ引く。

3

尾についている中骨を折って外す。そのまま中骨を手前にゆっくりと引いて、取り除く。

4

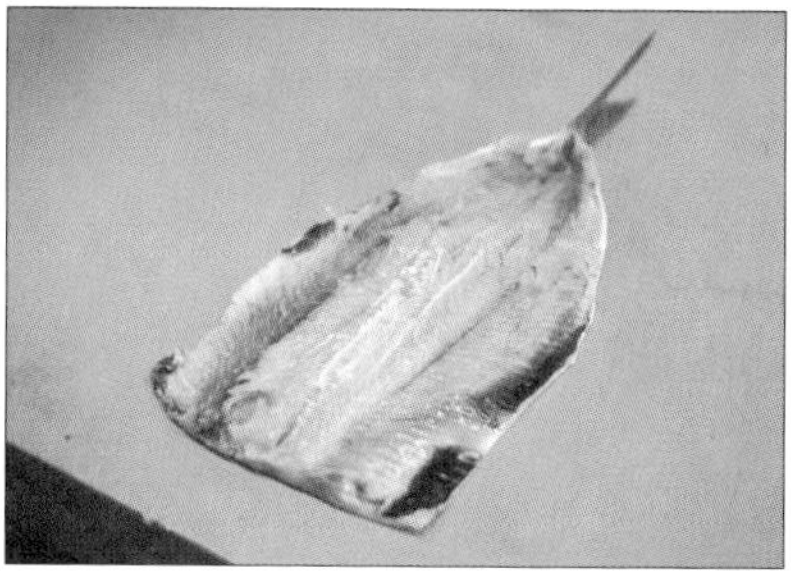

魚の背中側をちょっと押し出して、腹骨を立たせるようにして手前に引く。この時、できるだけ早く、魚が温まらないうちにやるのがコツ。

鮮度が
いいイワシは
最高に美味い！
旬の時期に
ぜひたくさん
食べてほしいね

アジ

選び方

全体が黄色みがかった銀色で、目が澄んでいるものが良い。特にヒレまで黄色いアジは小エビやプランクトンなどの餌が豊富な場所で育っている栄養豊富なアジ。

三枚おろし

大衆魚のアジは初心者にもさばきやすく、大きさも使いやすく、料理のレパートリーも豊富です。

1

尾から頭に向かって包丁を滑らせるようにしてウロコを取る。ヒレの周りは後で包丁を入れるので念入りに行う。流水で流しつつ、さらにウロコをきれいに取りのぞく。工程ごとに流水で洗うのがポイント。

2

ゼイゴを削ぐように切り取り、頭を取る。顔を左に向け、背中を手前に向けて、ヒレのところから包丁は真っ直ぐ落とす。カマを残さないように切ることがポイント。

3

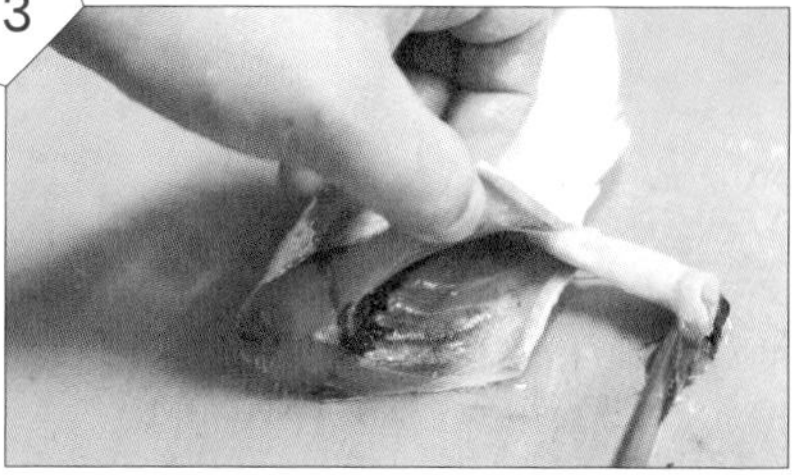

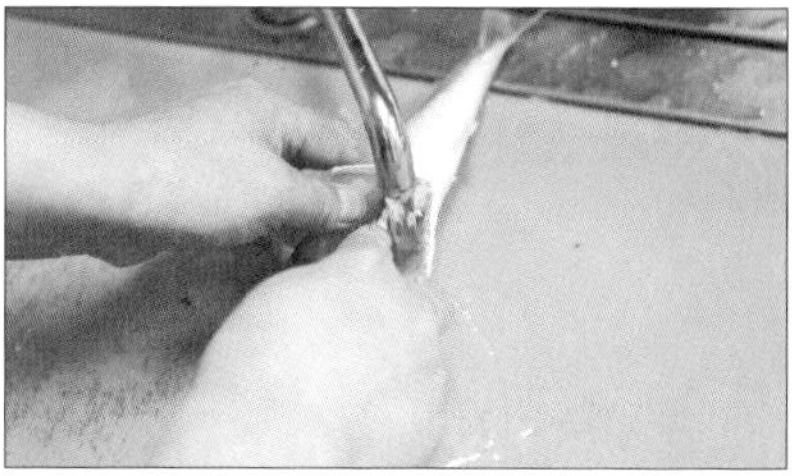

肛門から包丁を入れて腹を割り、内臓を包丁でかき出すようにして取り除く。流水できれいに洗い、脊椎の血合い部分は包丁で切れ目を入れて、歯ブラシなどでゴシゴシと洗う。まな板に血がついたら、その度にきれいに洗う。

4

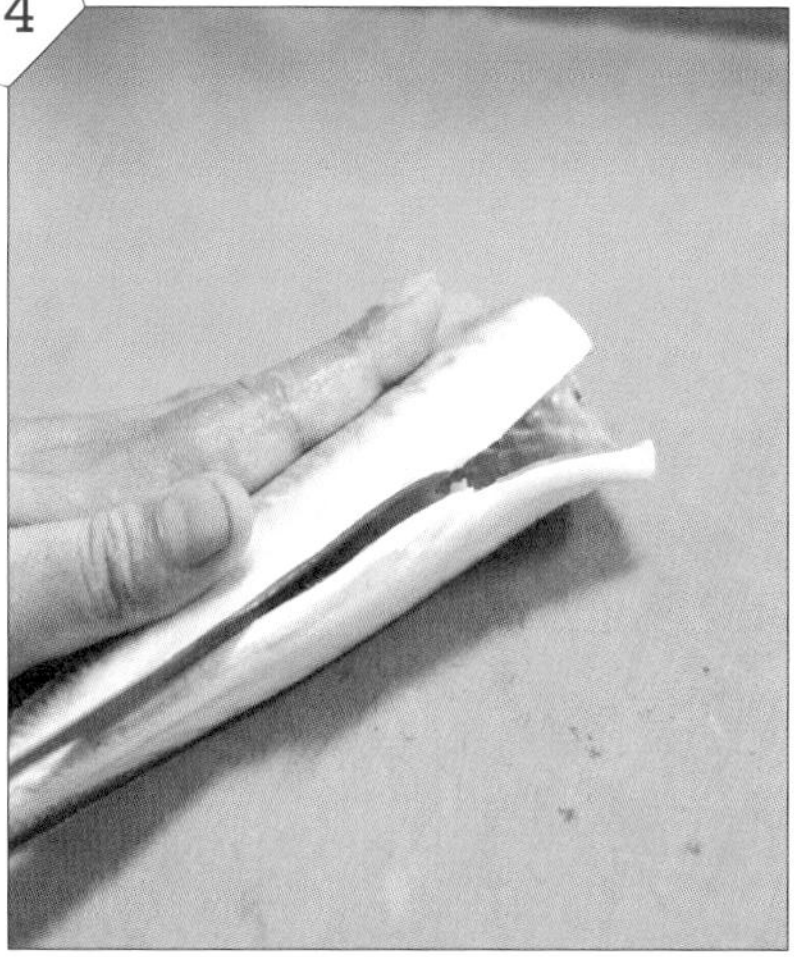

アジの水気をきれいに拭き取り、腹側から背骨に沿うように包丁を入れる。包丁は若干下に向かって押し進めるイメージで。この時、左手で身を押さえて、腹側が少し開くようにするのがポイント。

5

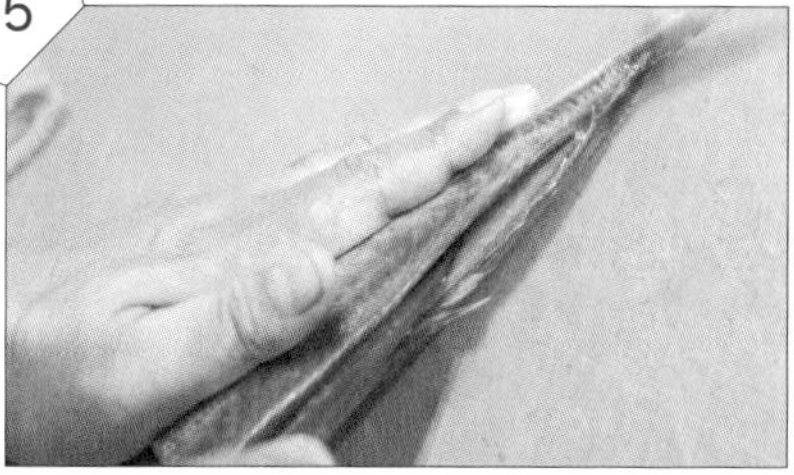

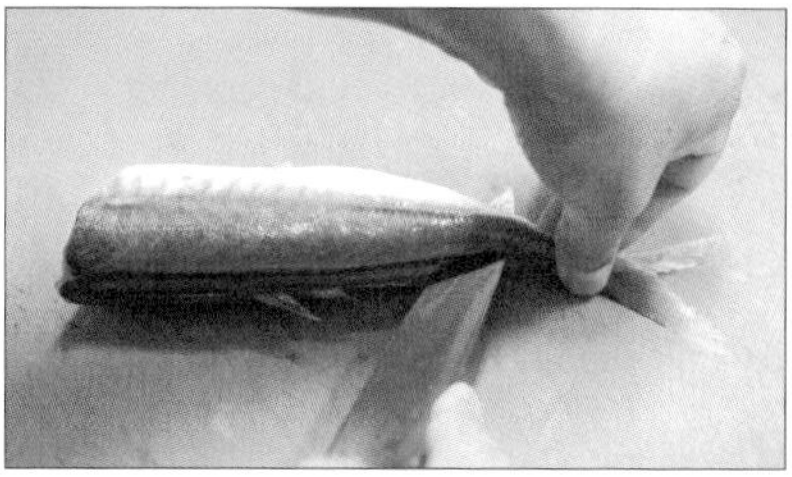

上下を返して、背中側から包丁を入れる。同様に、背骨に沿うように包丁を進める。最後に背骨の上に包丁を入れ、滑らせるようにして身を切り離す。

6

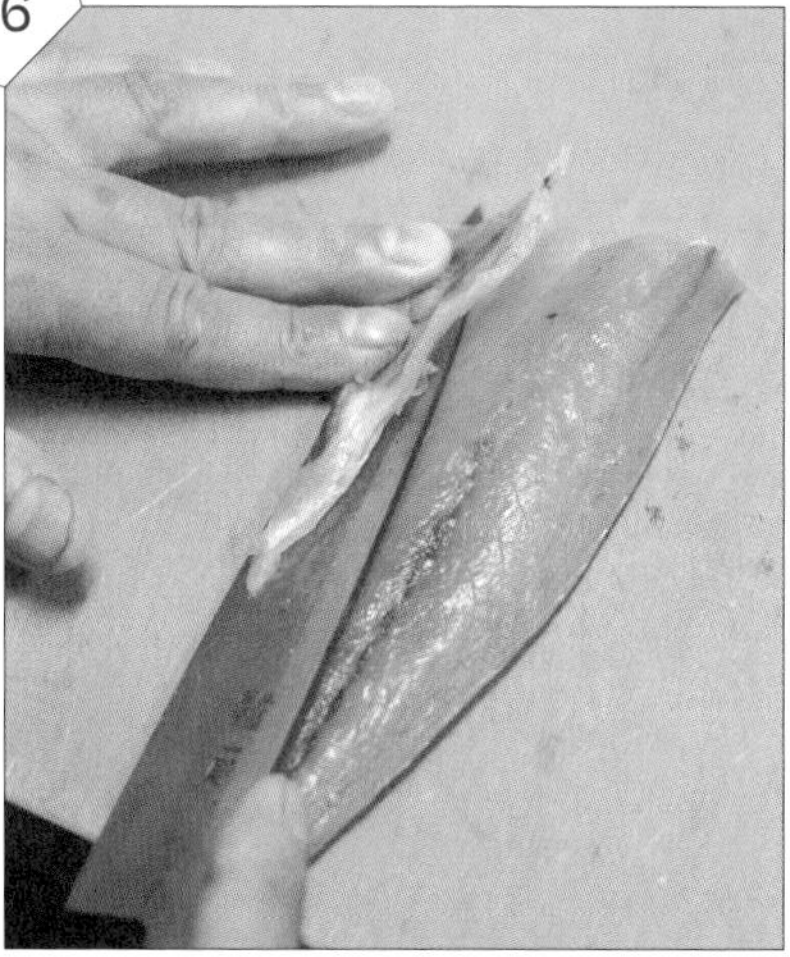

腹骨を取る。斜めに包丁を入れて、掬い上げるように薄く削ぎ取る。

アジ

天ぷら・フライ用

ちょっとさばき方を変えるだけで、
お店で食べるような
アジフライができちゃいます。

1
尾のつけ根に包丁を入れ、前後に動かしながら前に出すようにしてゼイゴを取る。

2
三枚おろし同様に、頭を取る。顔を左に向け、背中を手前に向けて、ヒレのところから包丁は真っ直ぐ落とす。肛門のところにあるトゲのようなヒレを、薄く削ぎとる。

3

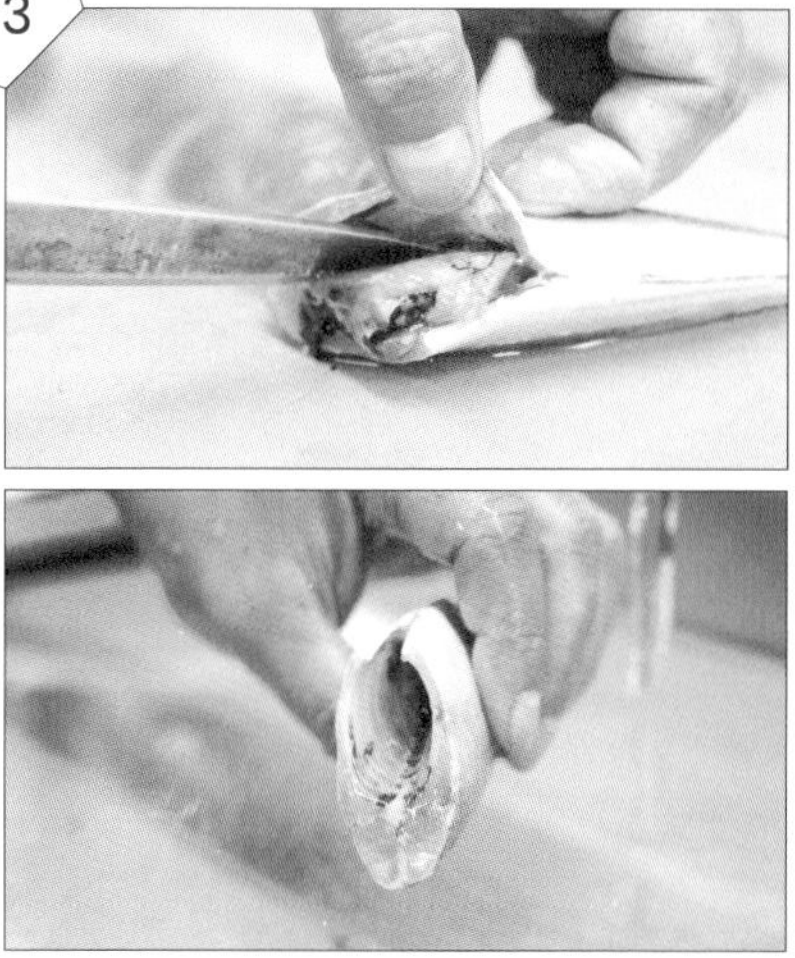

三枚おろしと同じやり方で内臓を取る。腹の中をきれいに洗い、水気を拭き取る。

4

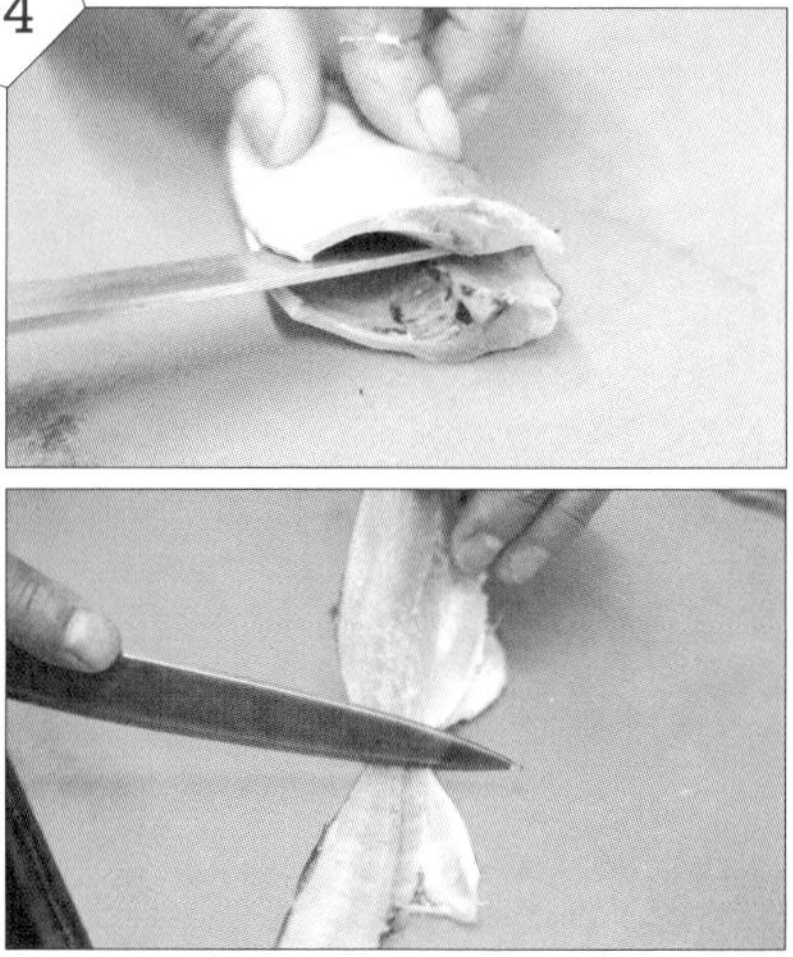

腹側から骨に沿うように包丁を入れ、イワシの大名おろしと同じように尾のつけ根まで包丁を進める。尾の手前で止める。裏返し、反対側も同じように包丁を入れ、尾のつけ根まできたら包丁を立たせて、骨を切る。

5

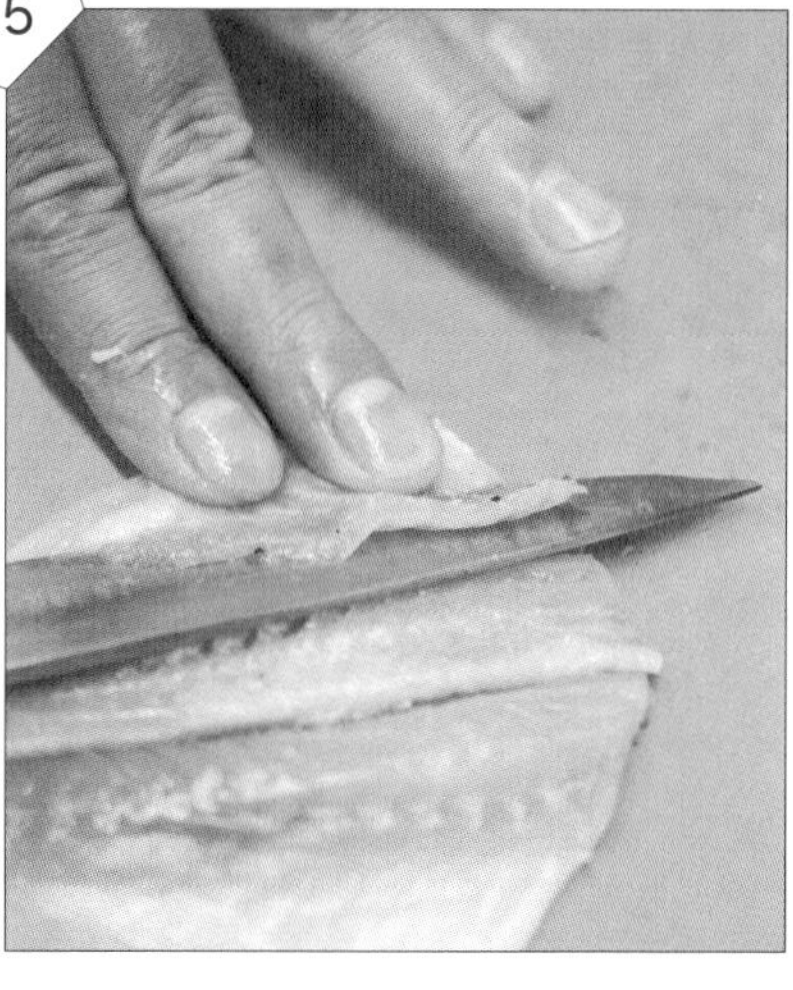

腹骨を薄く削ぐように切り取る。

6

開くことで大ぶりになるので、揚げるだけでも見栄えがする。

タチウオ

選び方

体全体にハリがあり、傷の少ない銀色をしているものが良い。この銀色の表皮に臭みがつきやすいので、これをきれいにするだけでも味が変わる。

1

頭がついていれば、背を手前にして、ヒレのところから頭を斜めに切り落とす。肛門のところでぶつ切りにし、残りを半分の長さでふたつに切る。

2

ステンレスのタワシを用意する。軽いタッチで丁寧にこする。強くこすりすぎてしまうと、下の皮まで取れてしまうので注意しながら行う。

ステンレスたわしの使い方

ステンレスたわしは、タチウオ以外にも、ヒラメのようなウロコがやわらかい魚、ブリやヒラマサのような青魚にも使えます。使い方は、多少の力を入れてしっかりとこする感じです。ぬめりや臭みをしっかり取り除きましょう。

3

お腹を開いて内臓と空洞部分に入っている黒いウキブクロを取る。背骨に包丁を入れて、血合いを取る。
※肛門より下の切り身は、真ん中のラインより少しずらして切れ目を入れておく。

4

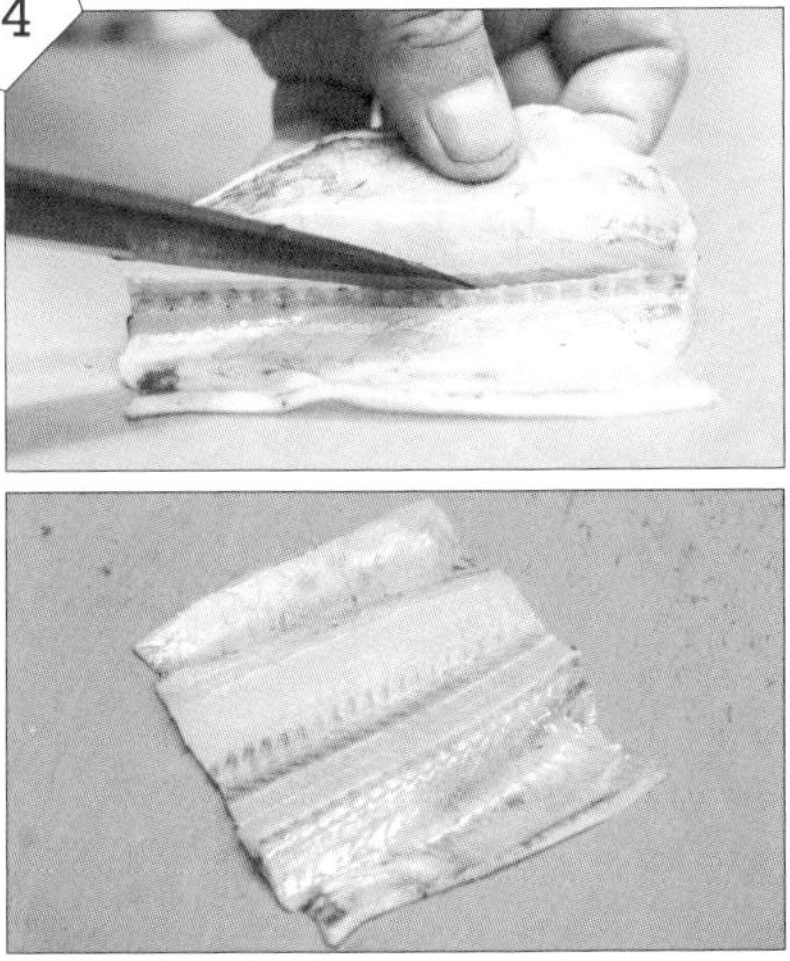

脊椎のちょっと上側になぞるように刃を入れ、左手で身を引っ張りながら切る。カリカリと骨に当たる音がするのが目安。はがした身を骨から切り離す。

5

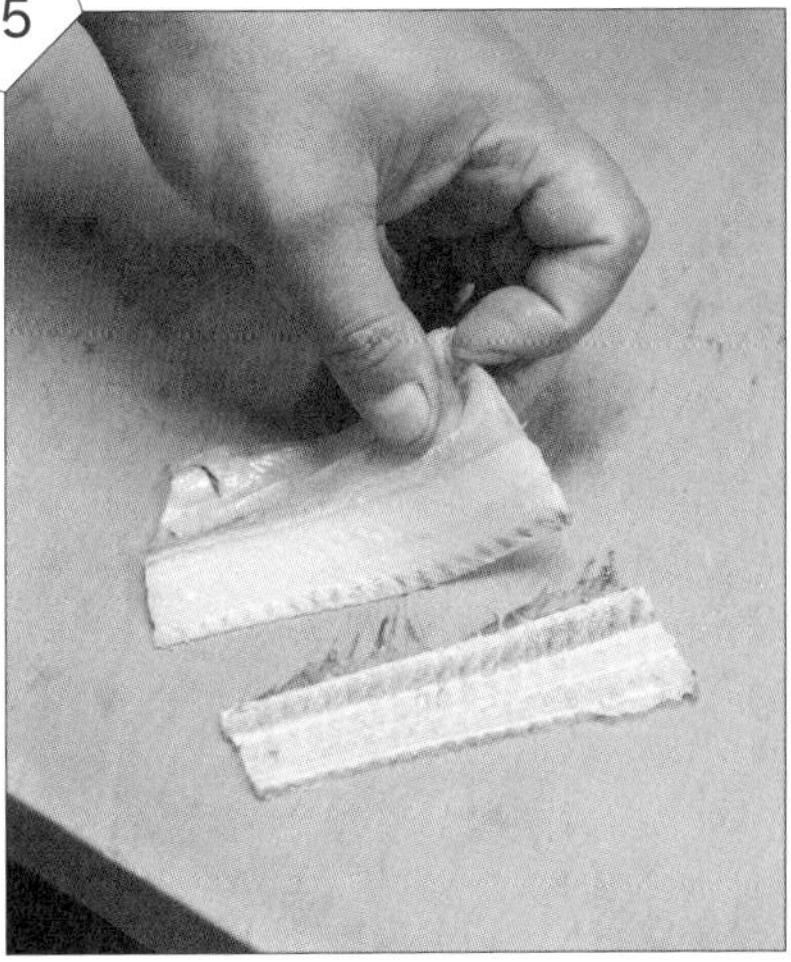

裏返し、同様に骨に沿って線を引いていくような感じで片身をはがす。

6

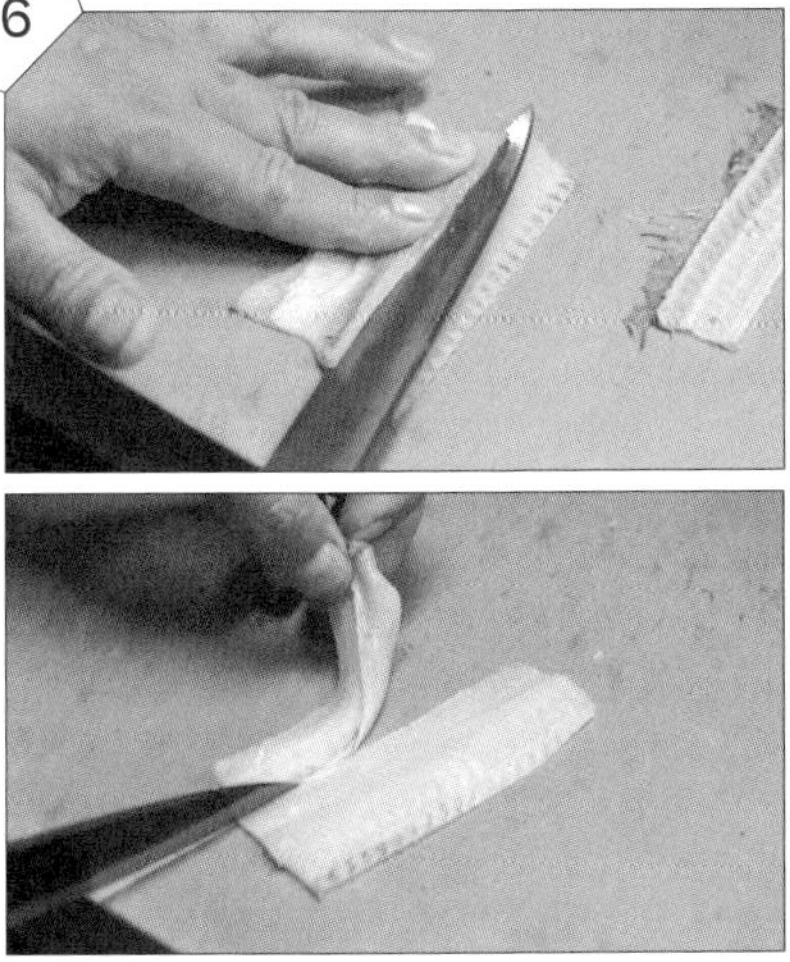

腹骨を薄く削ぐように切り取る。

カマス

選び方

目が澄んで、エラが鮮やかな紅色のものを選びたい。エラの色が紅色→ピンク→灰色と鮮度が下がっていく。ウロコが剥がれやすい魚なので、ウロコが残っているかどうかも鮮度の目安になる。

三枚おろし

鮮度のいいカマスが手に入ったら、ぜひ自分でさばいてみましょう。淡白な味わいで洋風の料理にも大活躍。

1

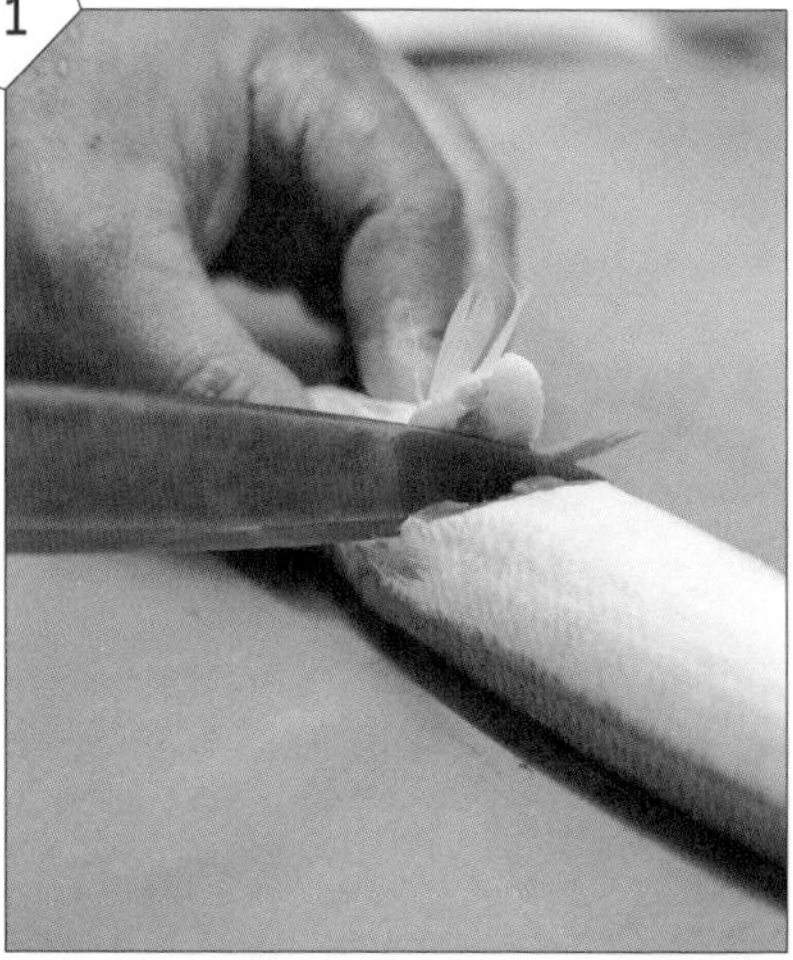

尻尾から頭の方へ向かって包丁を滑らせてウロコを取る。胸ビレのつけ根あたりで斜めに包丁を入れて背骨を切って頭を落とす。

2

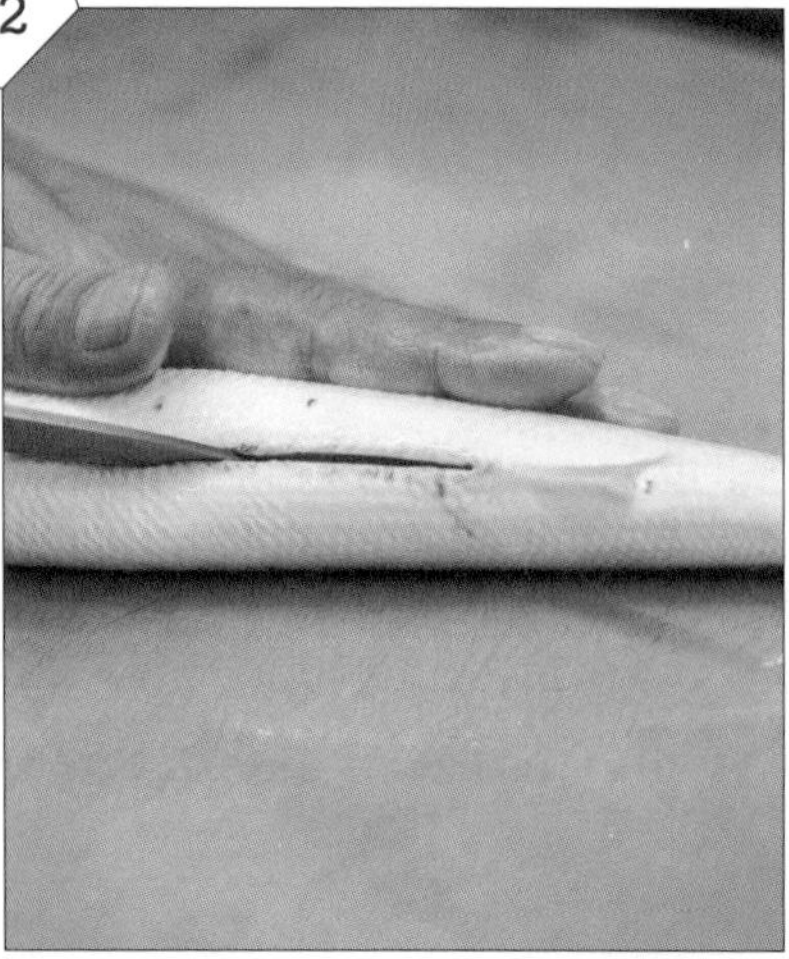

肛門から包丁を入れて、頭の方向へまっすぐ切る。

3

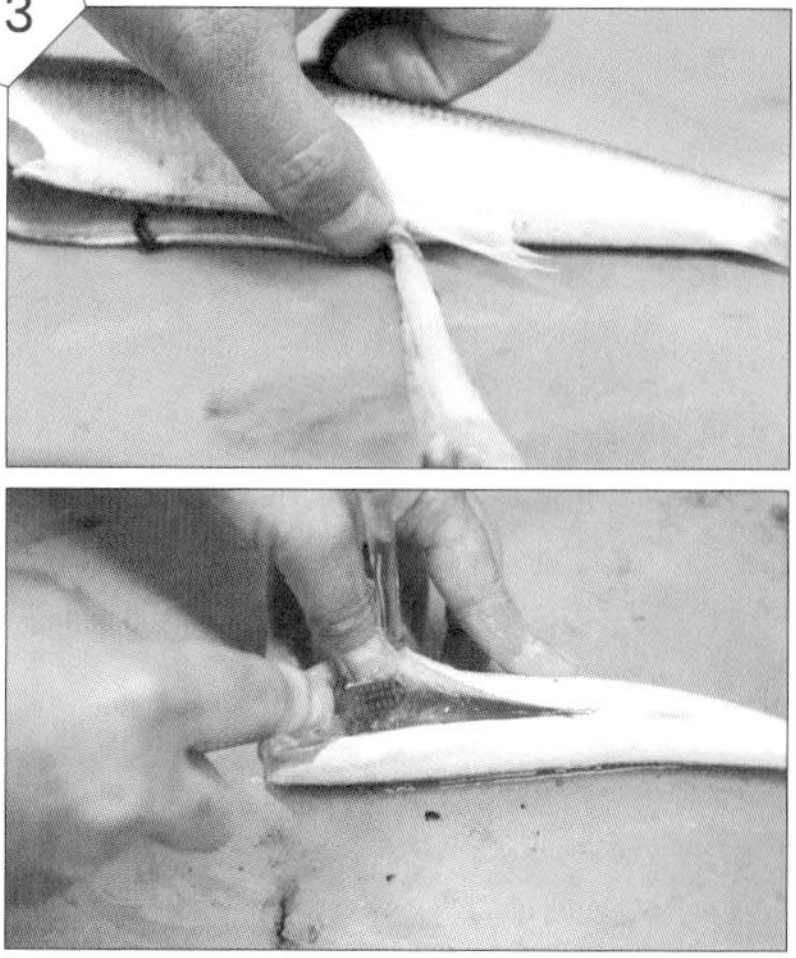

内臓を取り出して、流水で腹の中を洗う。血合いに包丁を入れ、歯ブラシなどを使ってきれいに。

4

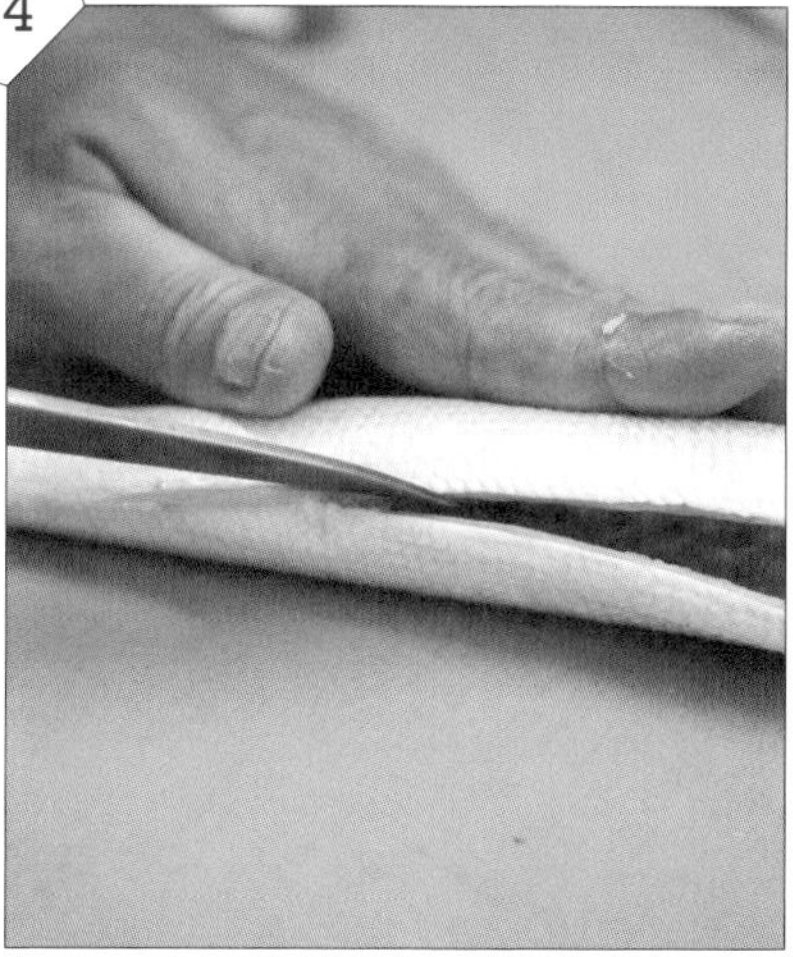

頭側から包丁を入れて下まで下ろす。

5

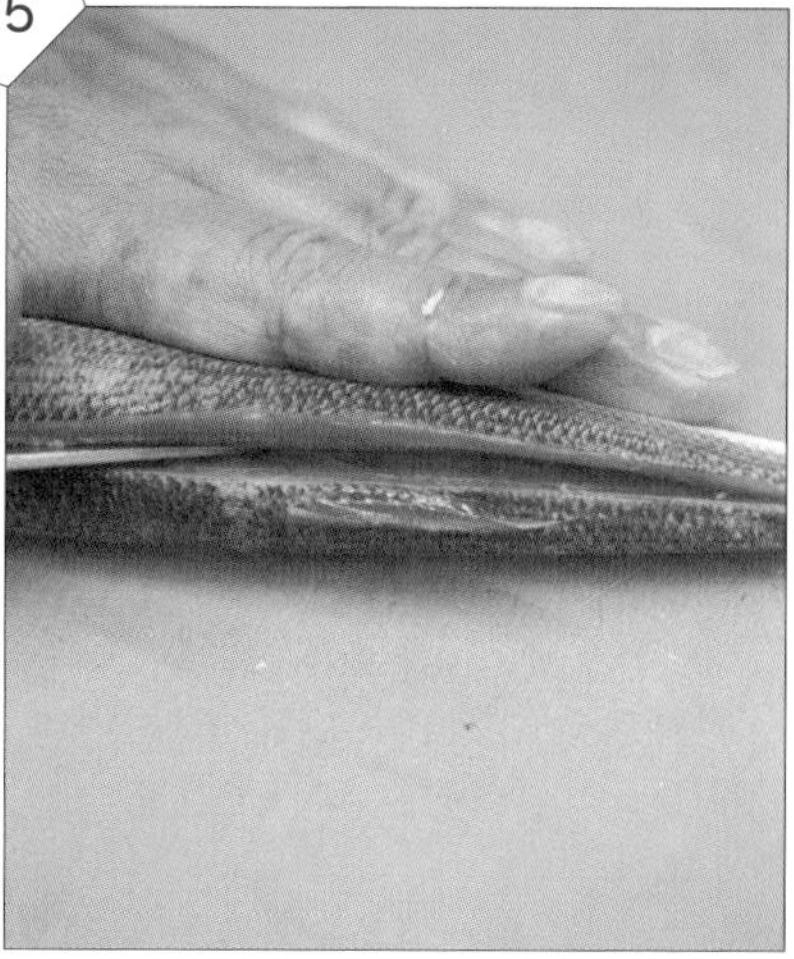

腹を反対側に向けて背中側にも包丁を入れる。

6

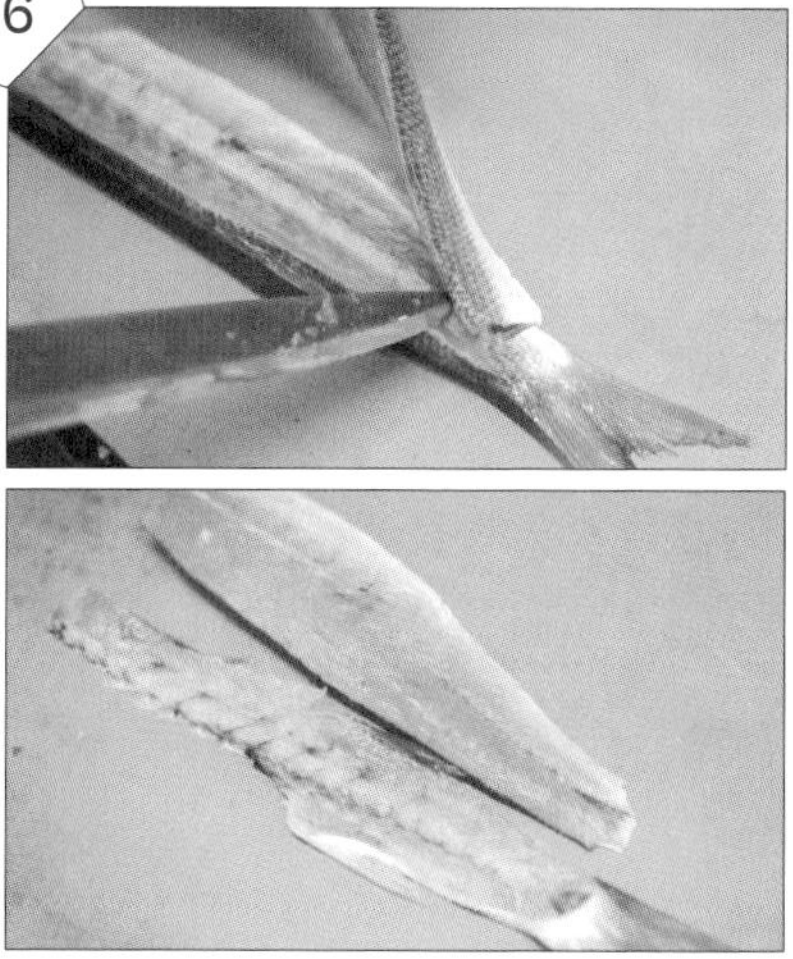

そのまま骨の上に包丁を滑らせるようにして、半身を切る。反対側も同様に包丁を入れて、三枚におろす。腹骨を削ぎ落とす。

サバ カツオ マグロ

選び方

どの魚も、目が澄んでいるもの、体にハリがあるものを選ぼう。サバは、鮮度の良いものは背にかけてきれいな緑色、カツオはピンクがかった虹色に光っている。マグロはさくで買う場合、赤身の色が澄んでいるもの、ドリップが出ていないものを選ぶ。

サバ・カツオ・マグロのチェックポイントは、頭の落とし方

1

頭を左、自分のお腹をマグロの頭部分に合わせる。

2

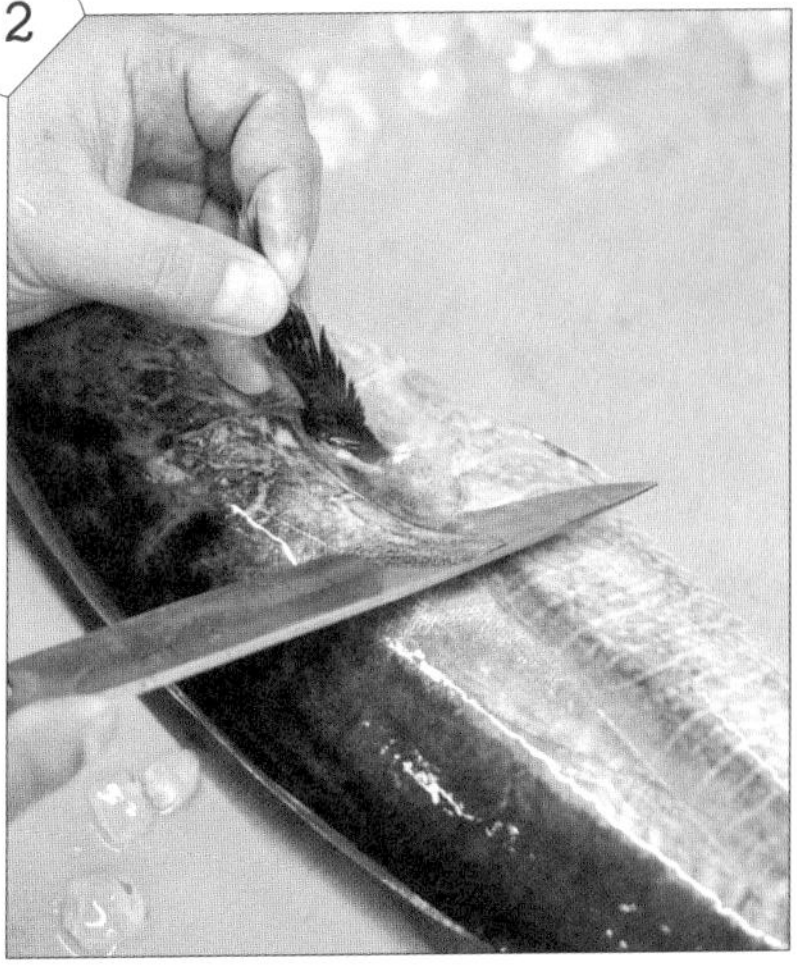

胸ビレを左手で持ち、その下の三角部分にウロコがあるので薄く削いで、エラで止める。

3

腹ビレの後ろ側から胸ビレのつけ根、後頭部を結んだ線で斜めに包丁を入れる。

4

Mの字を描くように、山折り、谷折りのジグザグに頭に切れ目を入れる。裏面も同様にして、背骨を切断。

5

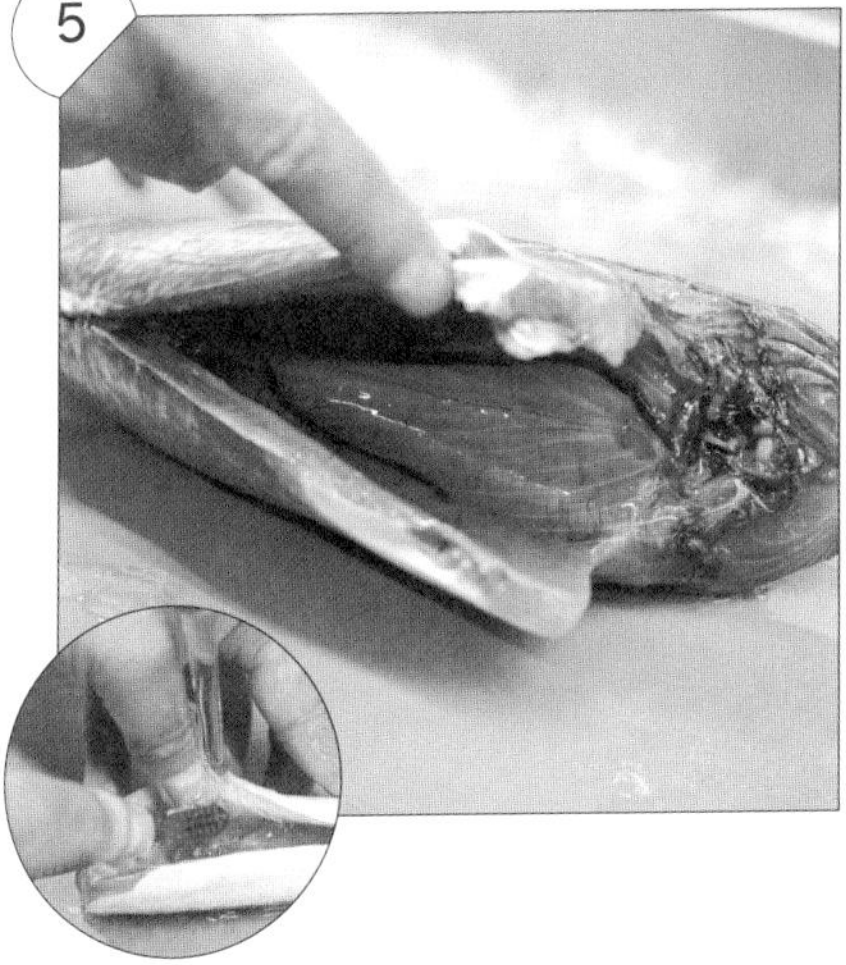

内臓と血合いを取り除いたら、歯ブラシできれいに洗い落とす。歯ブラシは1本台所に置いておくと便利。これ以降の工程はP17、P23を参照。

キンメダイ

選び方

小顔で目が小さく、金色に澄んでいるもの、体色がきれいな赤色をしているものは鮮度が良い。お腹のカーブがふっくらとしているものを選びたい。

静岡県や千葉県、高知県で獲れるキンメダイ。
淡い桜色の身はとろりとして上品な旨みがあります。
自分でさばければ、美味しさも格別です。

1

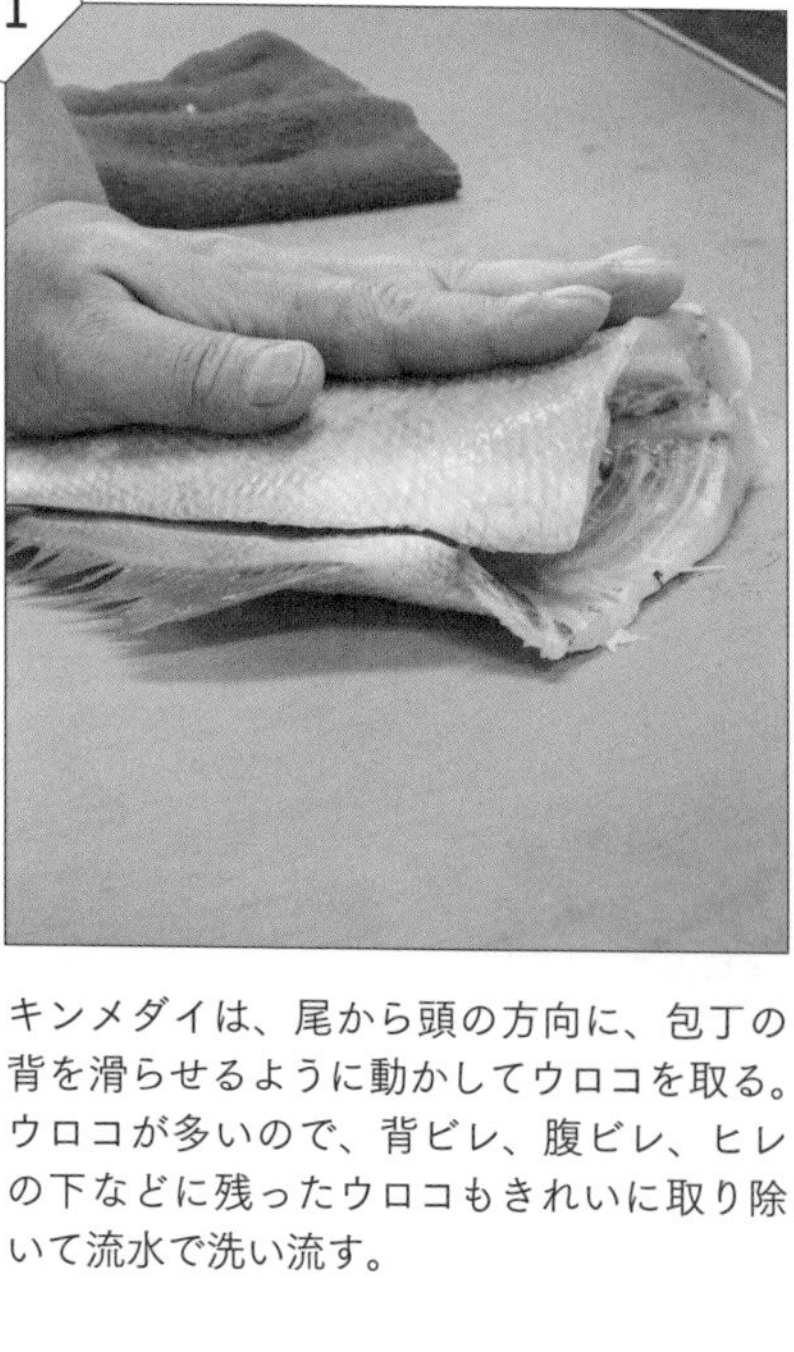

キンメダイは、尾から頭の方向に、包丁の背を滑らせるように動かしてウロコを取る。ウロコが多いので、背ビレ、腹ビレ、ヒレの下などに残ったウロコもきれいに取り除いて流水で洗い流す。

2

P16、P22 のやり方で三枚おろしにしたら、できるだけ触らないようにして脱水する。

3

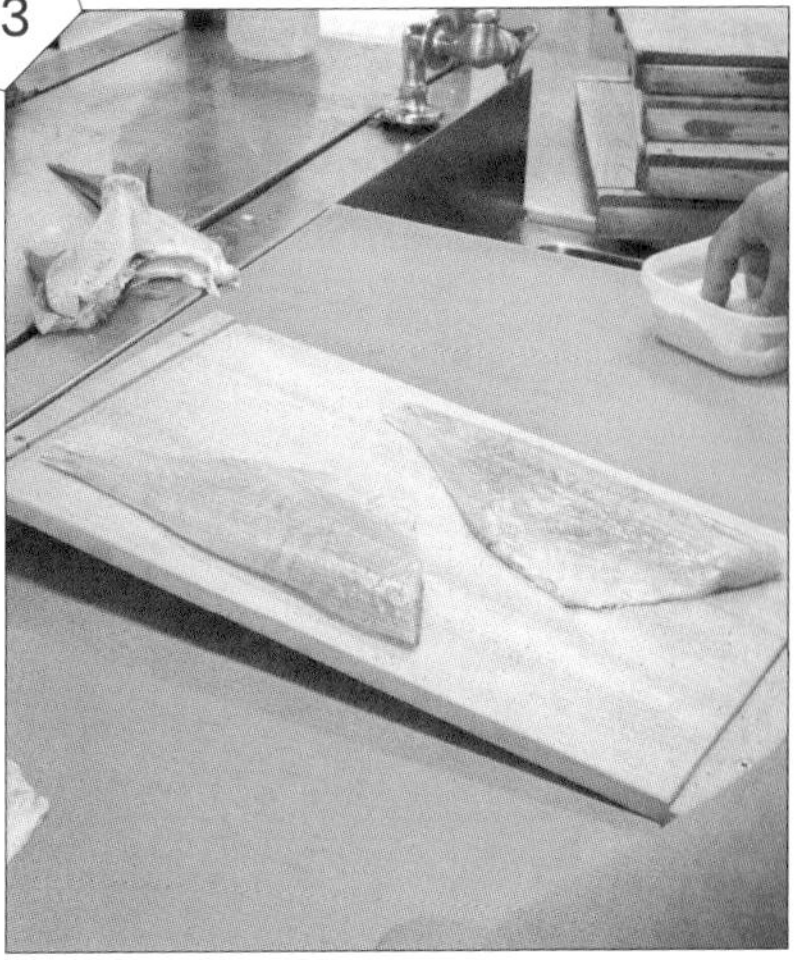

まな板に塩を薄く振った上に、魚を乗せてさらに塩を薄く振る。

4

30分置いて冷蔵庫に。

甘エビ

選び方

殻と身に隙間がないものを選ぼう。頭が黒ずんでいるものは、鮮度が落ちている証拠。

北海道、新潟を中心に、日本海側で漁獲される甘エビは、日本人が大好きな食材の一つ。丁寧に扱って、やわらかな身を味わい尽くそう。

1

腹の方をきれいに洗う。

2

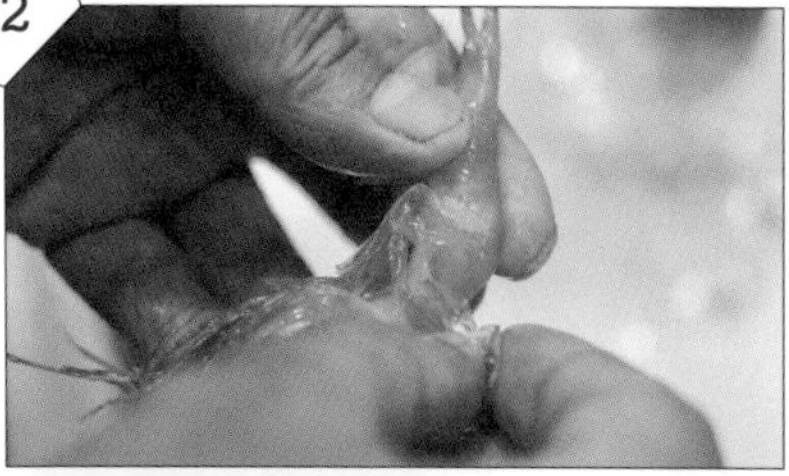

エビの頭を下に向け、脚を背の方に向かって回転させて殻を剥く。

3

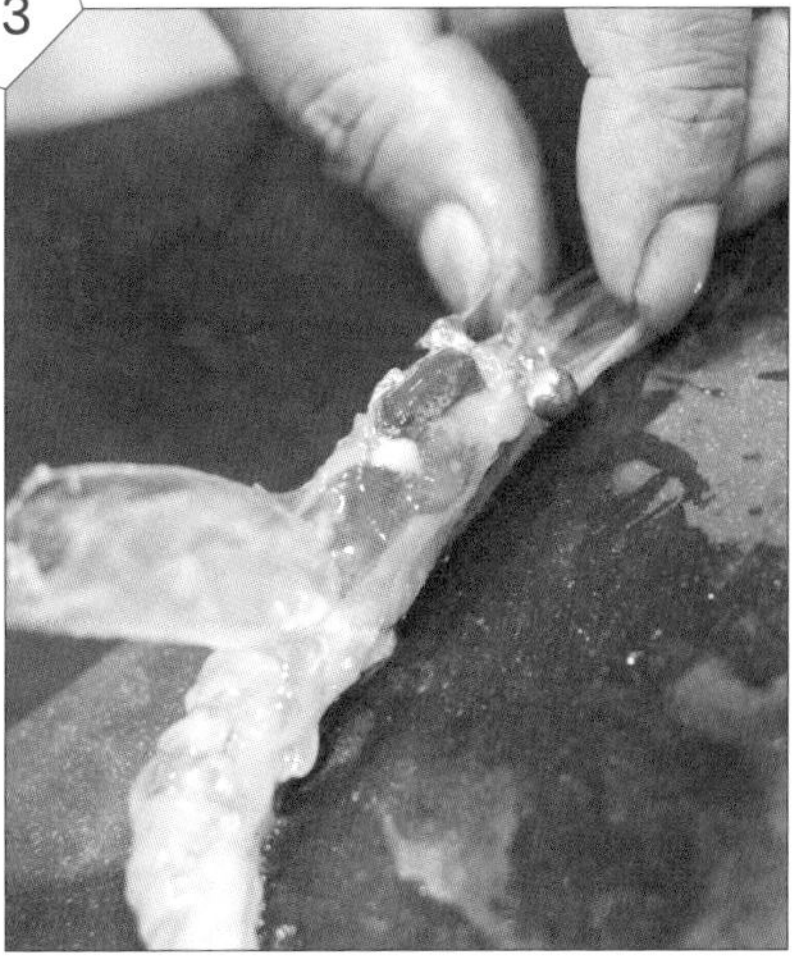

エビの目の下を押さえながら、その上にあるツノを引いて、頭の殻も外す。

4

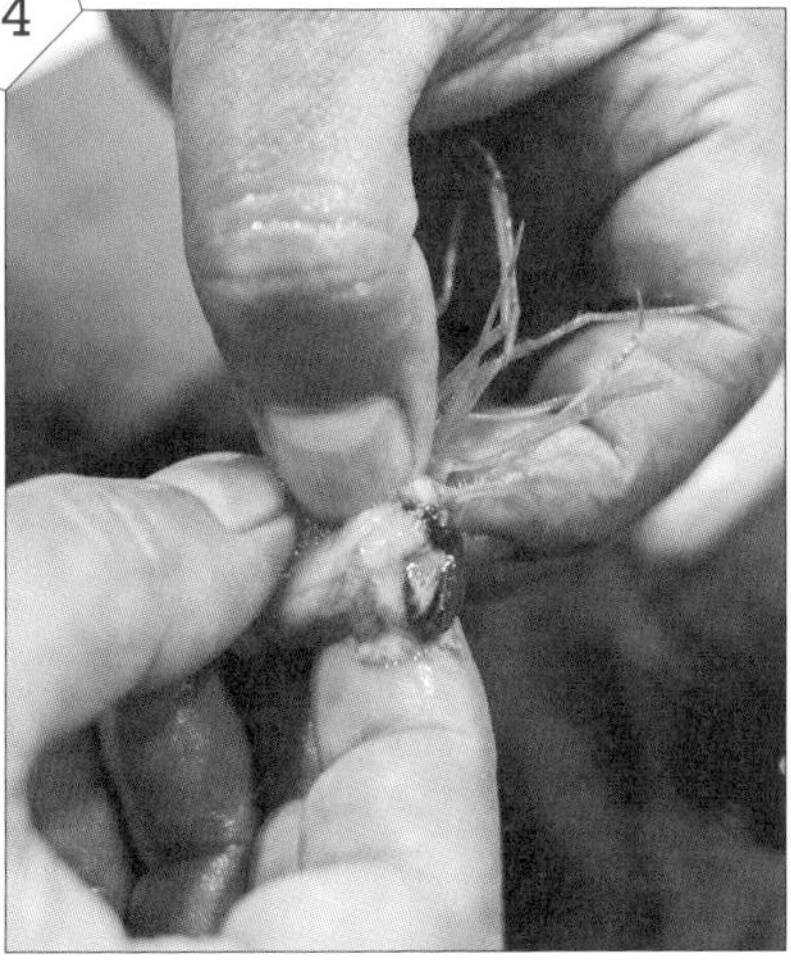

前脚を取る。

5

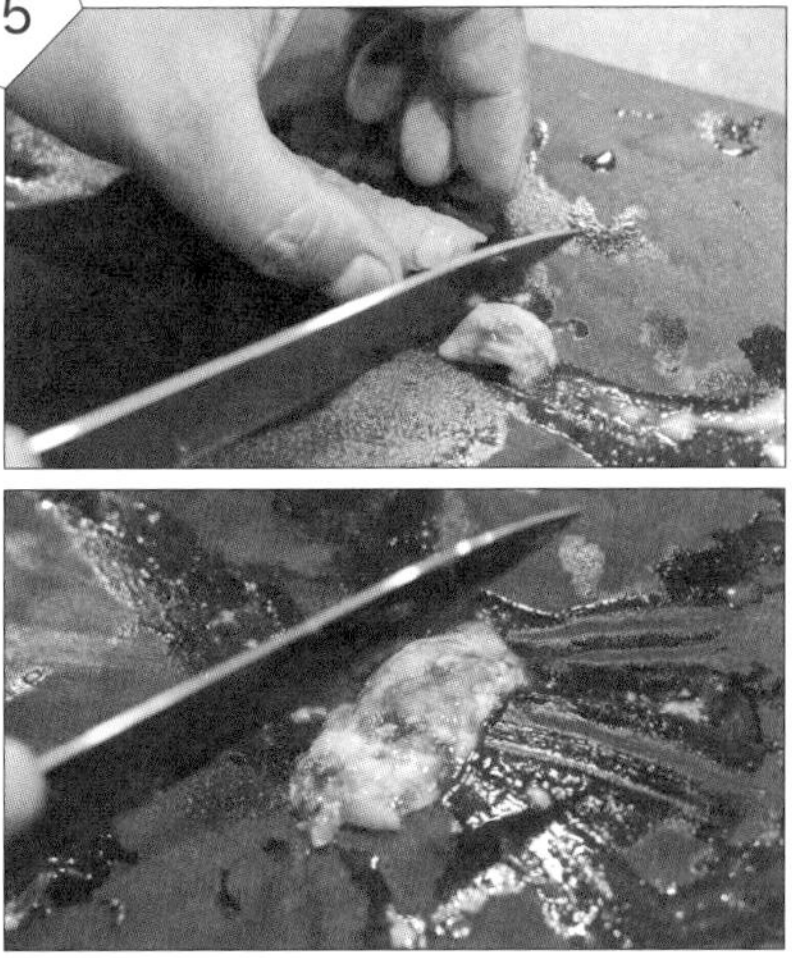

ミソは身から切り離し、ソースとして使う場合はミソをたたく。

甘エビは
繊細だから、
乱暴に扱っちゃ
ダメ。
でも手早くが
基本だよ！

タコ

選び方

国産の濃い赤茶色をしたタコは味が濃く、香りもある。足が太くて短い、肉厚のものを。

**日本人が大好きなタコ。
小さめで味が濃いのがマダコ、大きくてやわらかいのがミズダコ。
流通しているものは茹でてあるものがほとんどだけれど、
切り方一つで味がグンと変わります。**

1

塩もみしてぬめりを取る。生のタコは緑茶で茹でるとやわらかくなる。

2

イボの内側にあるヒダ部分を包丁で取る。

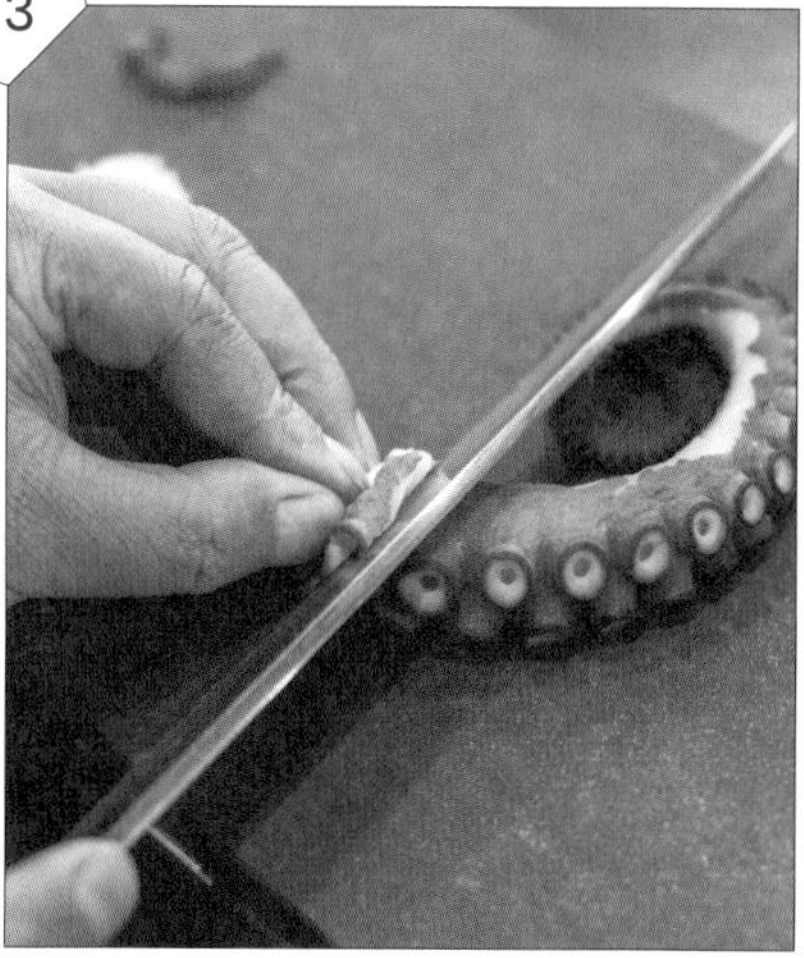

包丁を左右に揺らしながら、タコの繊維にギザギザを入れる。こうすることによって味が出る。

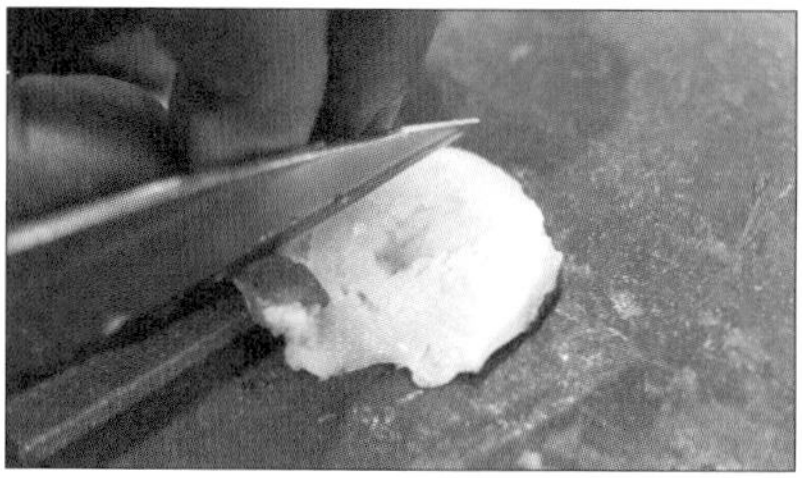

切り終わったら、ギザギザと逆になるように細かく切れ目を入れる。

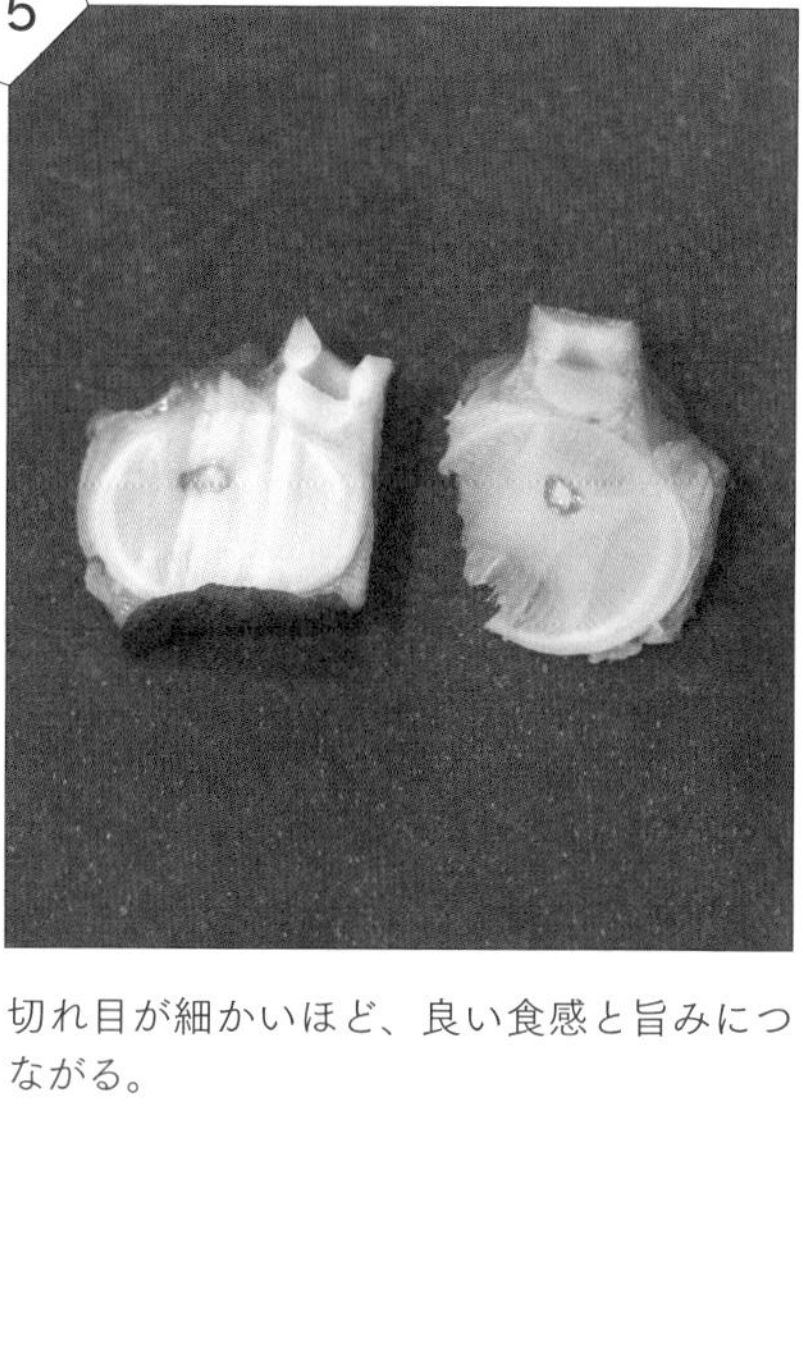

切れ目が細かいほど、良い食感と旨みにつながる。

**ちょっとした
コツだけど、
タコの味わいが
全然
変わっちゃう
でしょ!?**

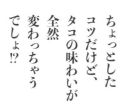

イカ

選び方

イカは、一杯で買う場合は、目と体の透明度の高さで選ぼう。

春はコウイカ、ホタルイカ、春から夏にかけてはアオリイカ、夏から秋にはスルメイカ、日本では季節ごとにさまざまなイカが流通します。刺身でいただくなら、この切り方はぜひ覚えて！

1

イカのブロックを手に取って、明るいところで繊維の方向を見る。

2

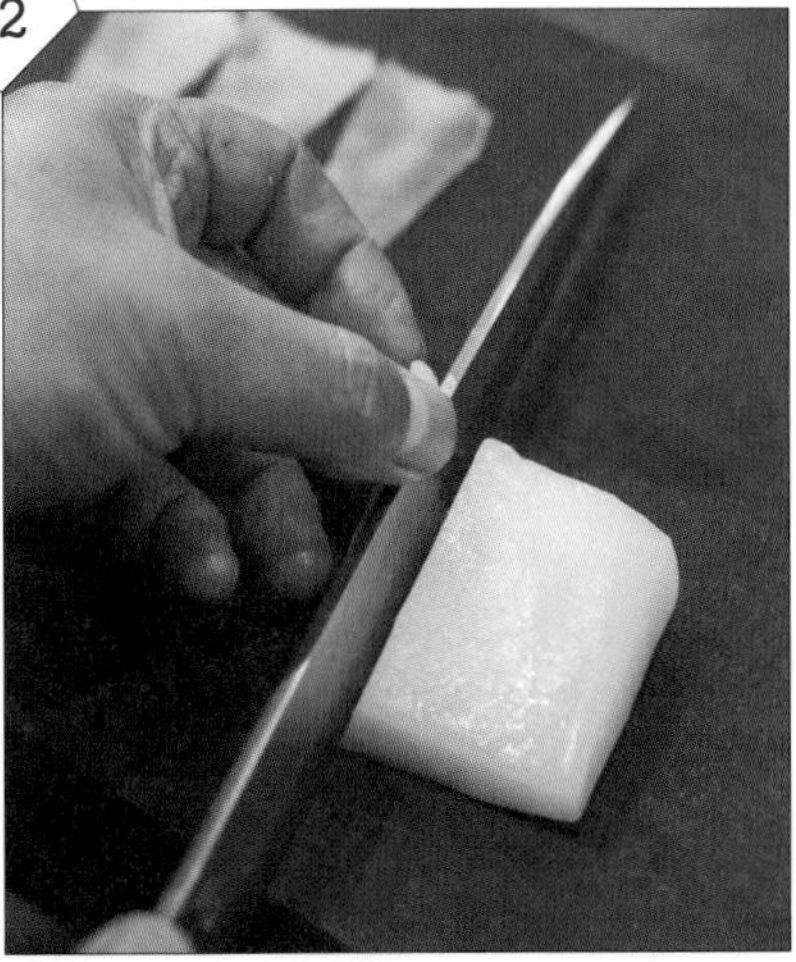

繊維の方向に沿って、薄く切る。

3

繊維に沿って包丁を入れると甘みが出て、繊維に逆らって包丁を入れると食感が出る。

4

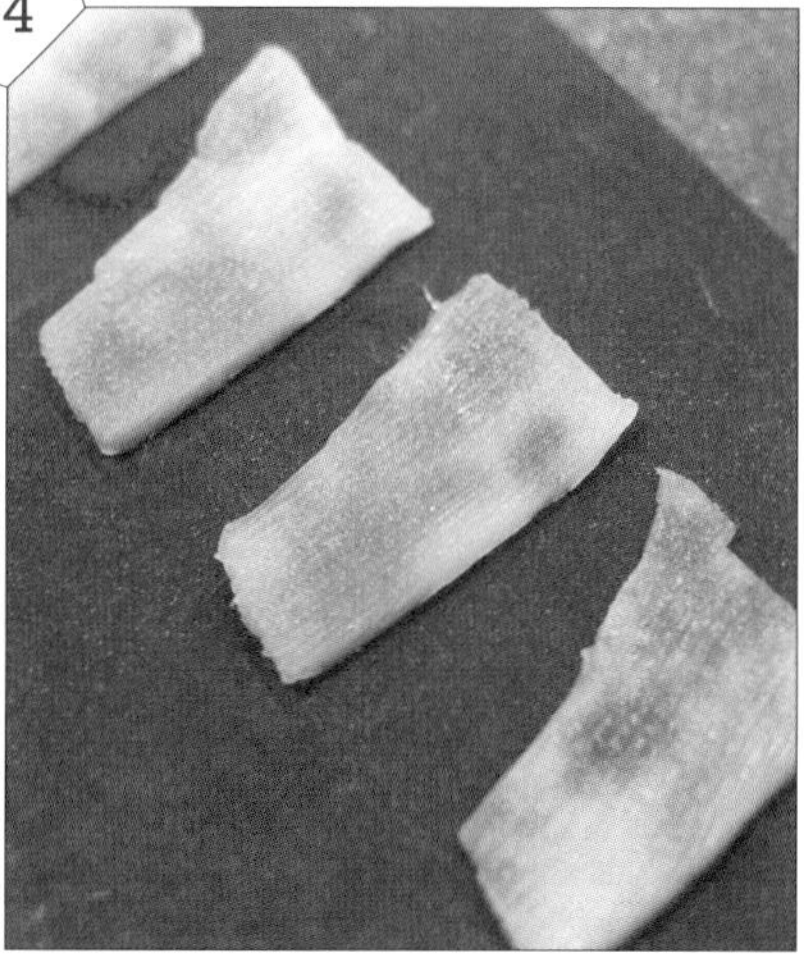

切ってから塩水にサッと晒して、水気を取る。その後冷蔵庫に入れると旨味が違う。

イカの両面に、違う方向の包丁を入れてみるのも面白いかもね！

カキ

選び方

殻付きのカキは、口をしっかり閉じているもので、細長いものより丸っこい形のものを選ぶ。手のひらに平らな面を置いて、ふくらんでいるものが良い。端っこを持ってみて重みがあるものは身が詰まっている。

海のミルクと俗に呼ばれるカキは、栄養価が高く、
調理方法で食感も変わるため、世界中で愛されている食材の一つ。
殻付きはちょっと面倒だけれど、美味しさは格別です。

1

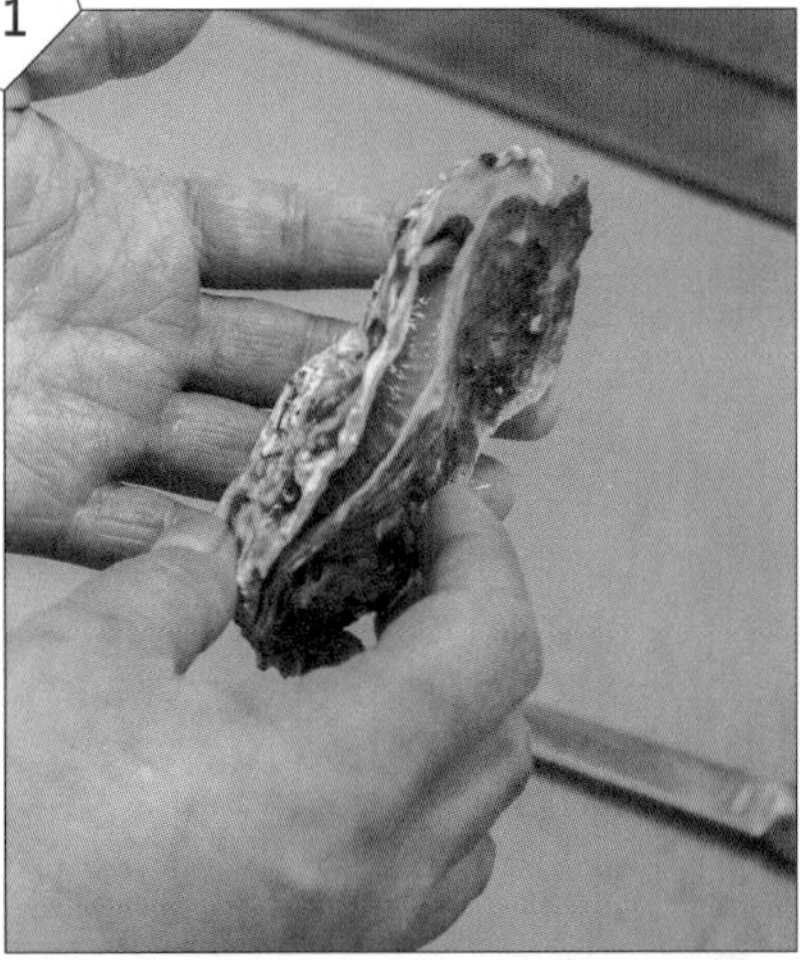

カキの殻を立て、ふくらんでいる方を左手に当てて、殻の隙間からナイフを入れる。ナイフは薄いもの、あれば貝を剥くためのナイフを使う。

2

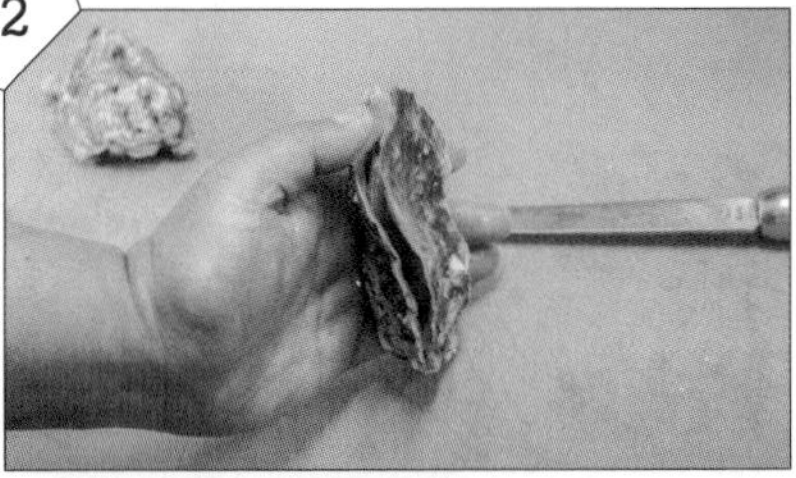

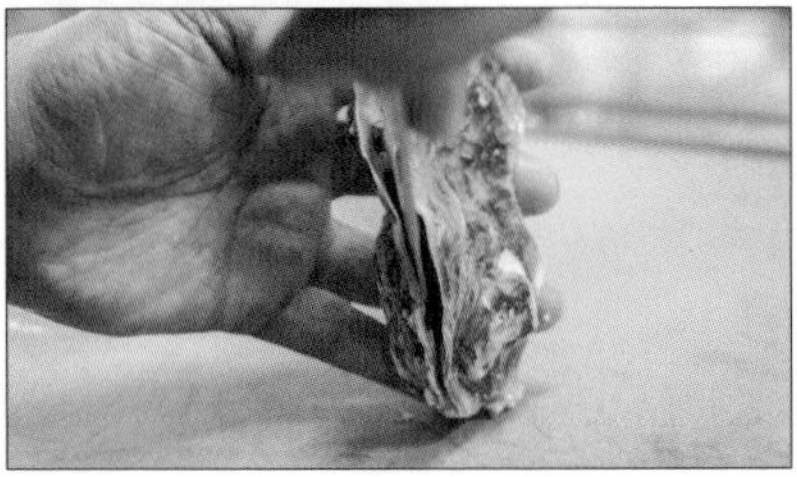

貝柱を外すように切る。口をピッタリ閉じている時は、殻が薄くなっているところにナイフを差し込み、鍵を回すように横に開く。

3

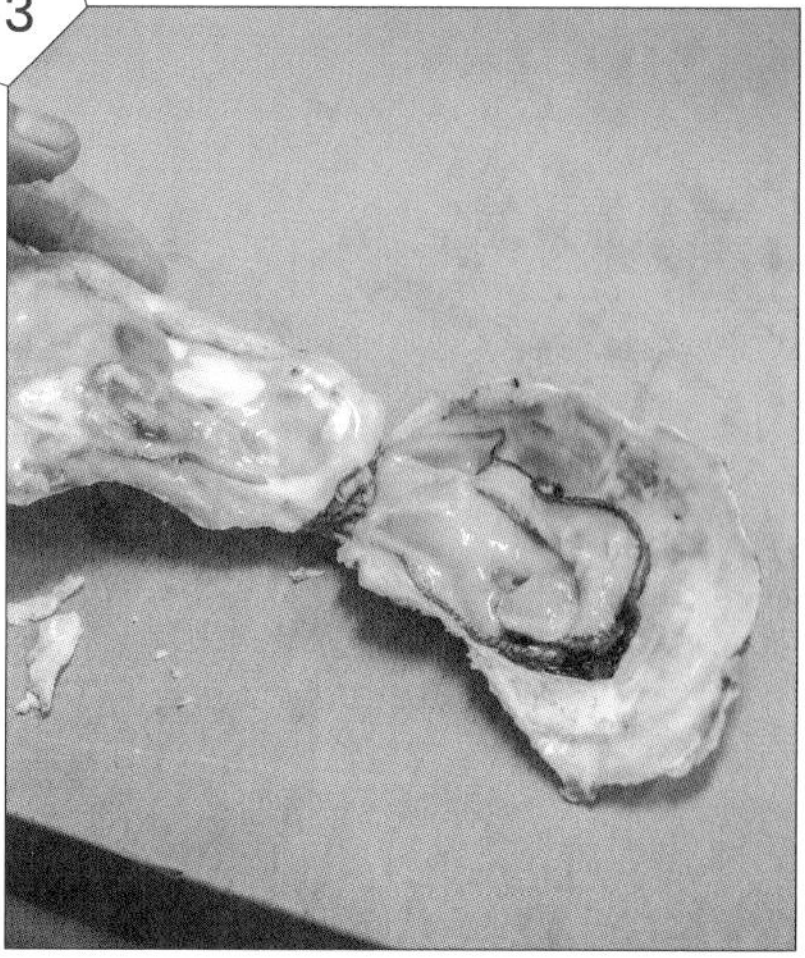

逆向きに殻を立て、反対側からも殻に沿って身を外すようにナイフを入れる。

4

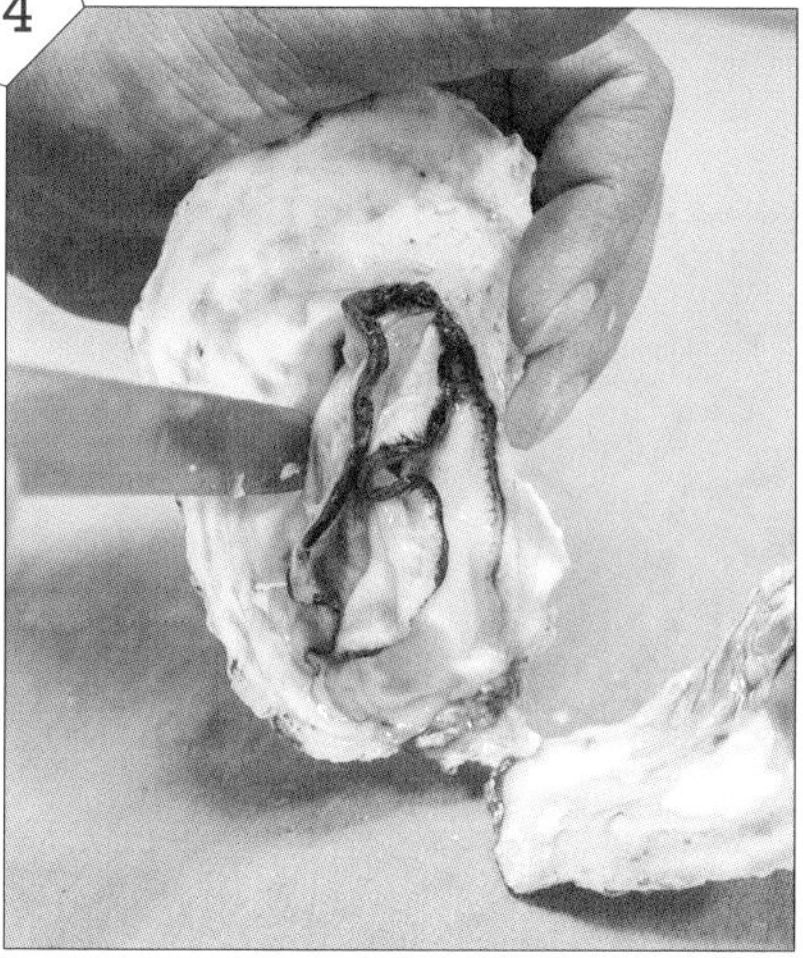

殻が外れたら、殻に沿うようにして身を外す。

5

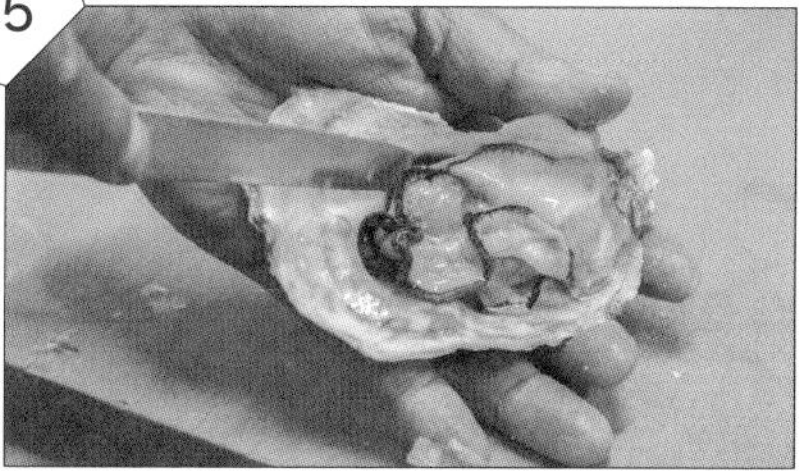

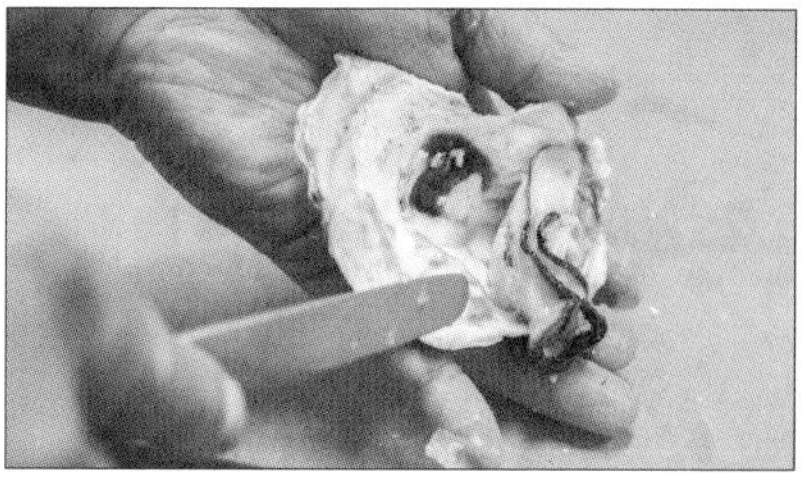

殻付きで皿に盛る場合も、塩水にくぐらせて、汚れや生臭さがついたぬめりを落とす。

うまい
カキって、
クリーム色の
ふっくらした
身をしてるよね

ホタテ

選び方

殻付きのホタテは、殻が欠けているもの、形が変形しているものは避ける。口が大きく開いてしまっているものは鮮度が悪く、逆にピッタリ閉じているものは死んでいる。ホタテはほんの少し口を開けて、触ってみると素早く殻を閉じるものが良い。

初夏から夏にかけて旬のホタテが出回ります。
自分でさばければ、さまざまな調理でホタテを丸ごと楽しめます。

1

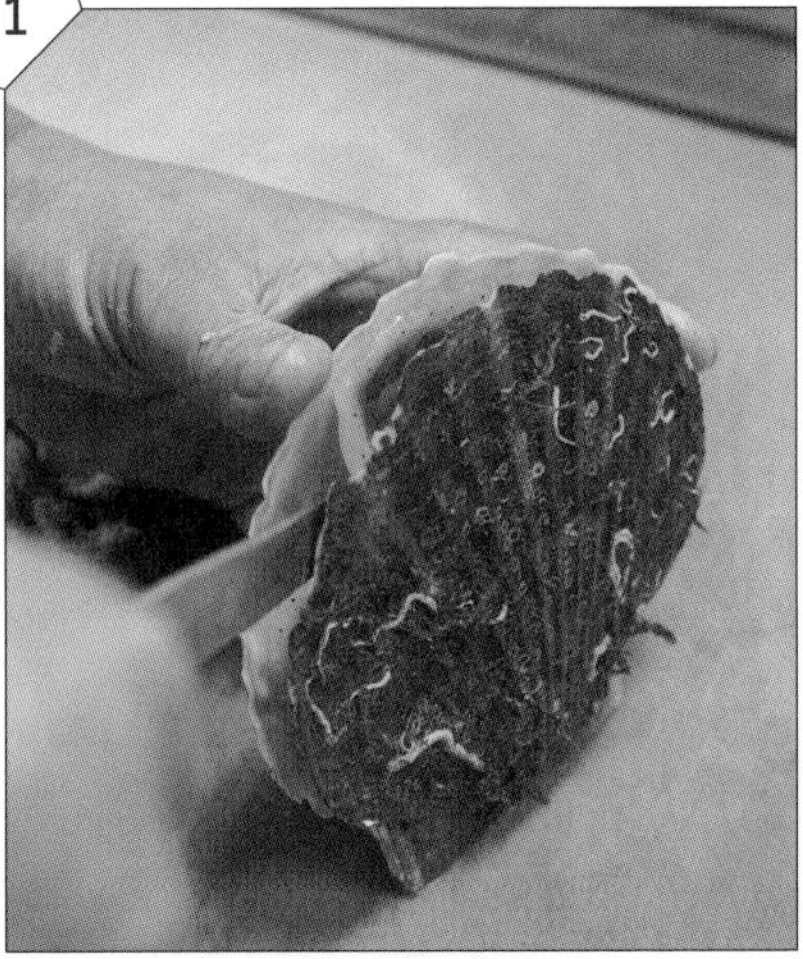

薄いナイフで殻をこじ開ける。

2

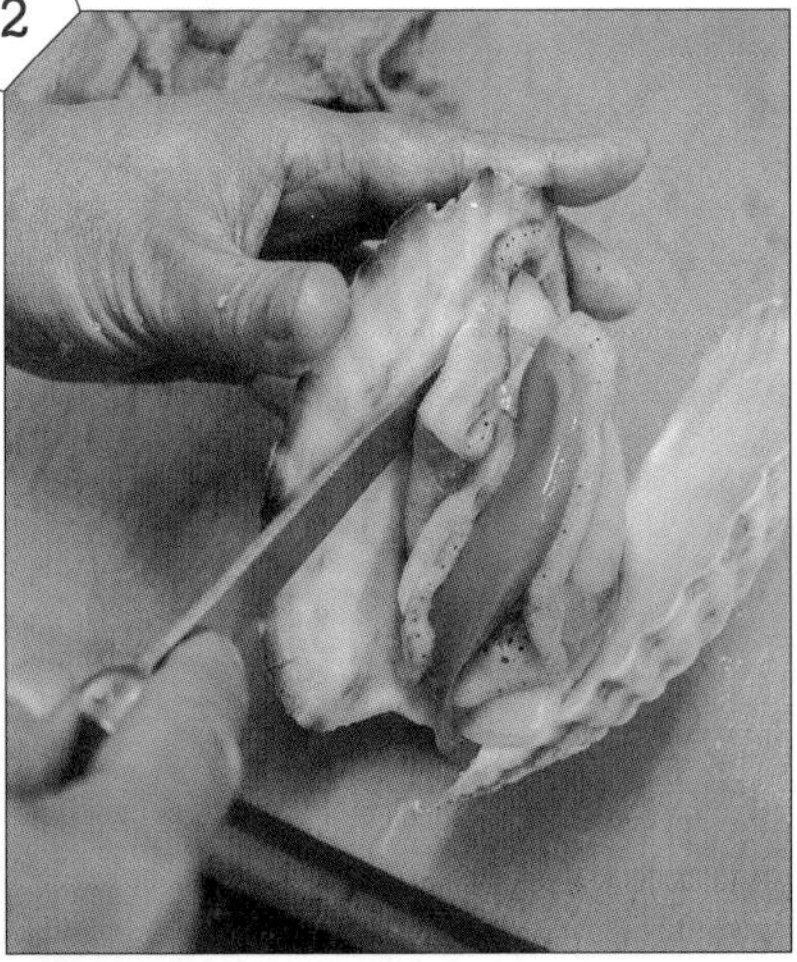

外側のびらびらしたところをナイフでこそげるようにして殻から身を外す。

3

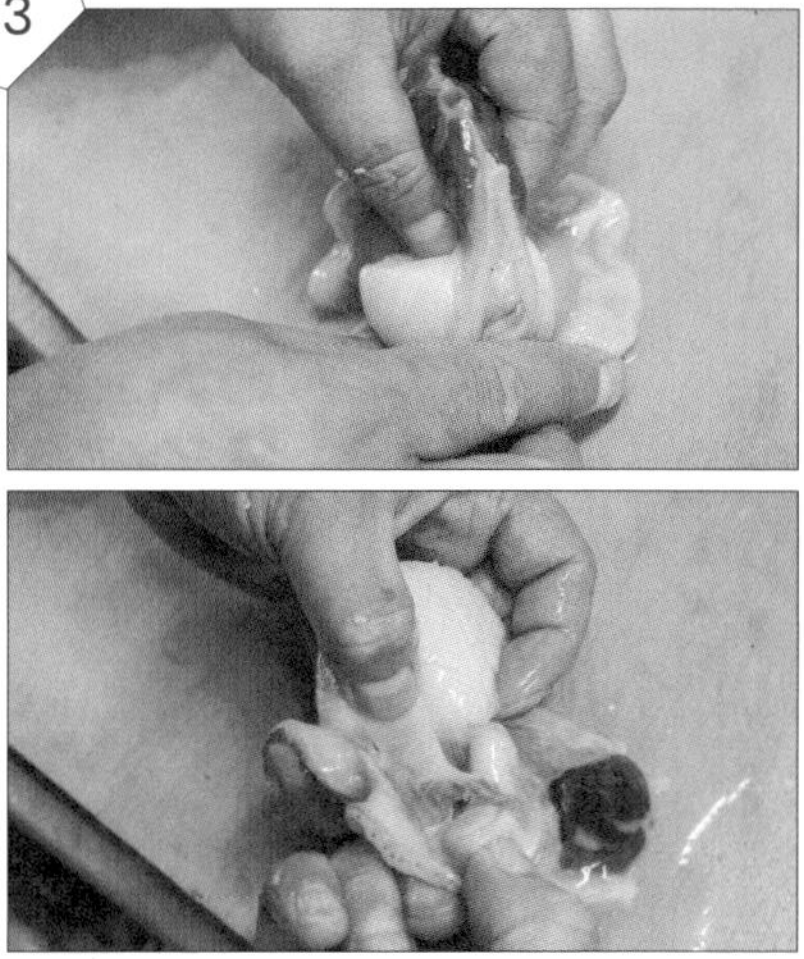

殻を外したホタテをまな板に乗せ、黒い肝の部分を指でグッと引っ張り、貝柱を親指で押し出すようにして取り除く。

4

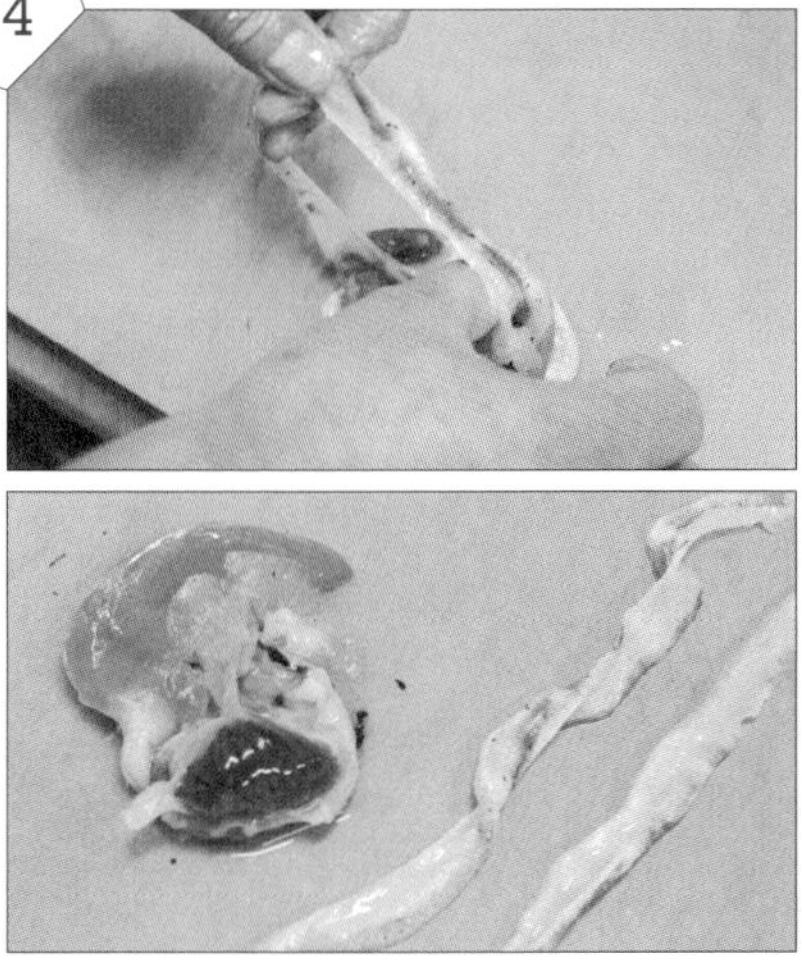

貝柱を挟んで両側にある貝ひもの部分を取り外し、肝の部分と分ける。

5

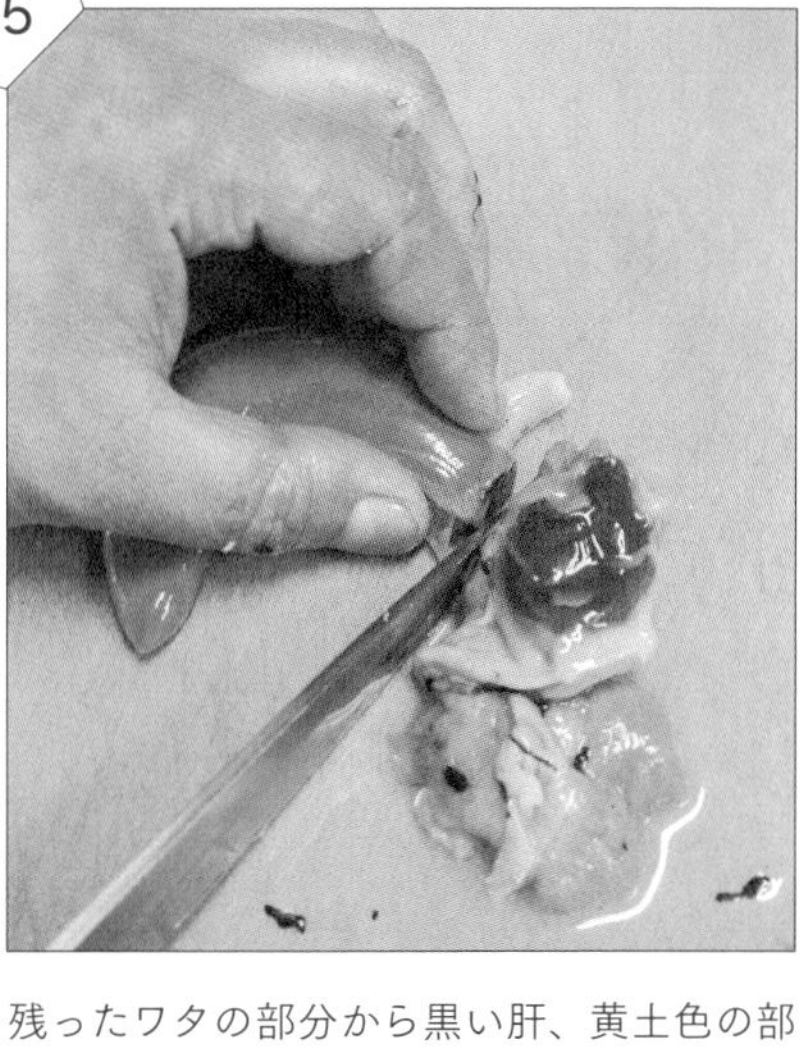

残ったワタの部分から黒い肝、黄土色の部分を取り除く。ワタの中でも大きなピンク色の部分は、フライなどにすると美味い。

6

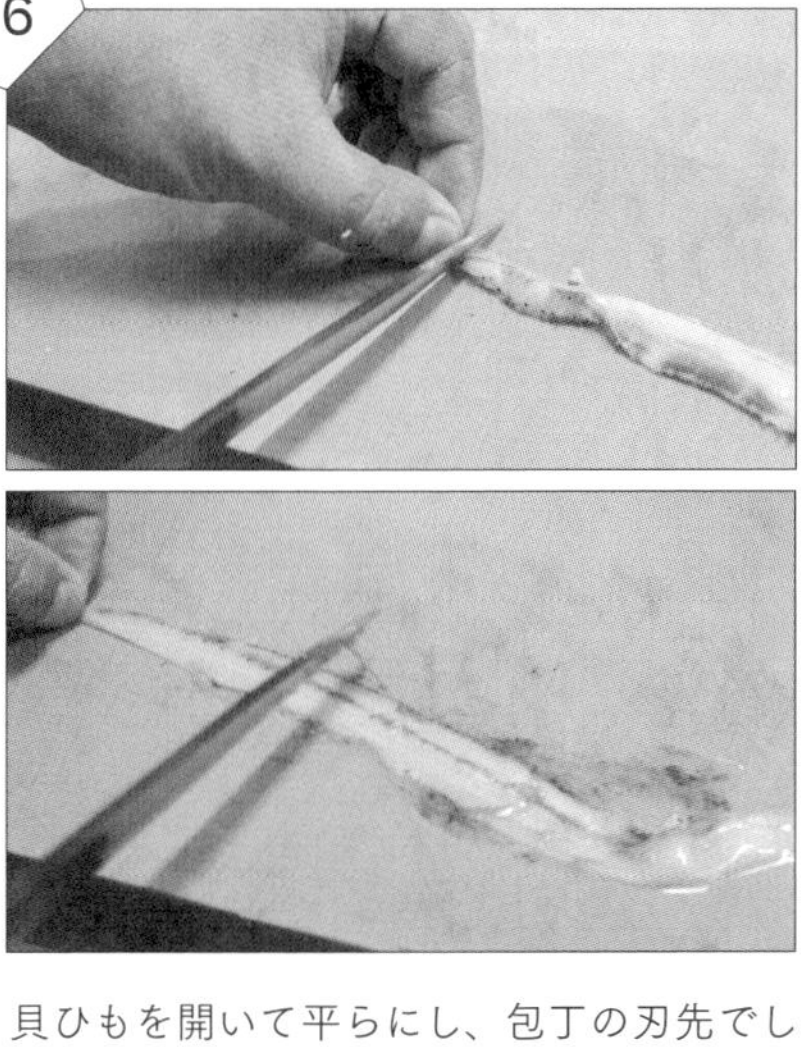

貝ひもを開いて平らにし、包丁の刃先でしごくようにして貝柱のぬめりを取る（ぬめりは食中毒の原因にもなりやすいのでしっかりとこそげる）。

7

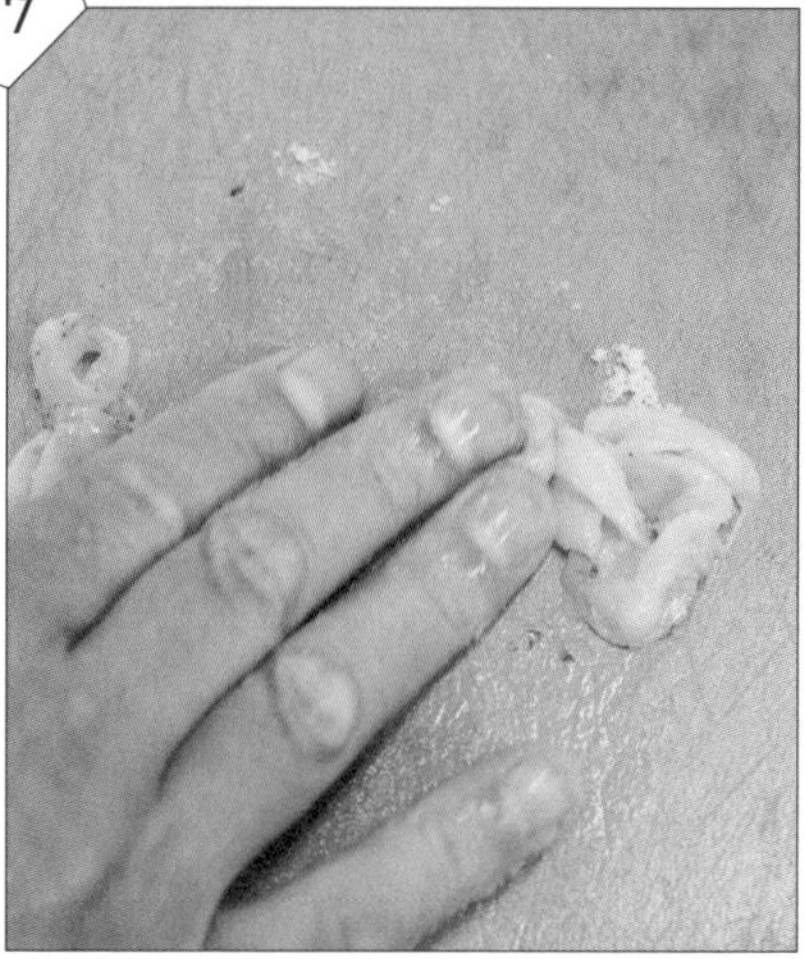

ぬめりを取って、しっかり塩をつけて揉む。水洗いして下準備が完成。

8

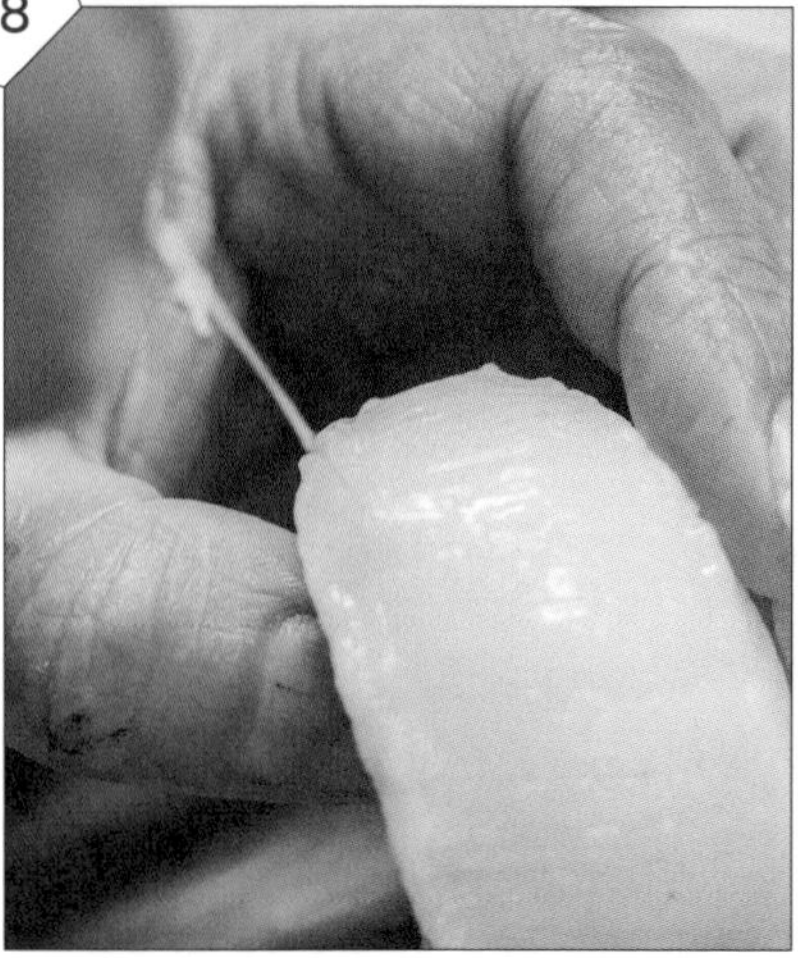

貝柱の周りの黄色い枠のような筋を取る。

9

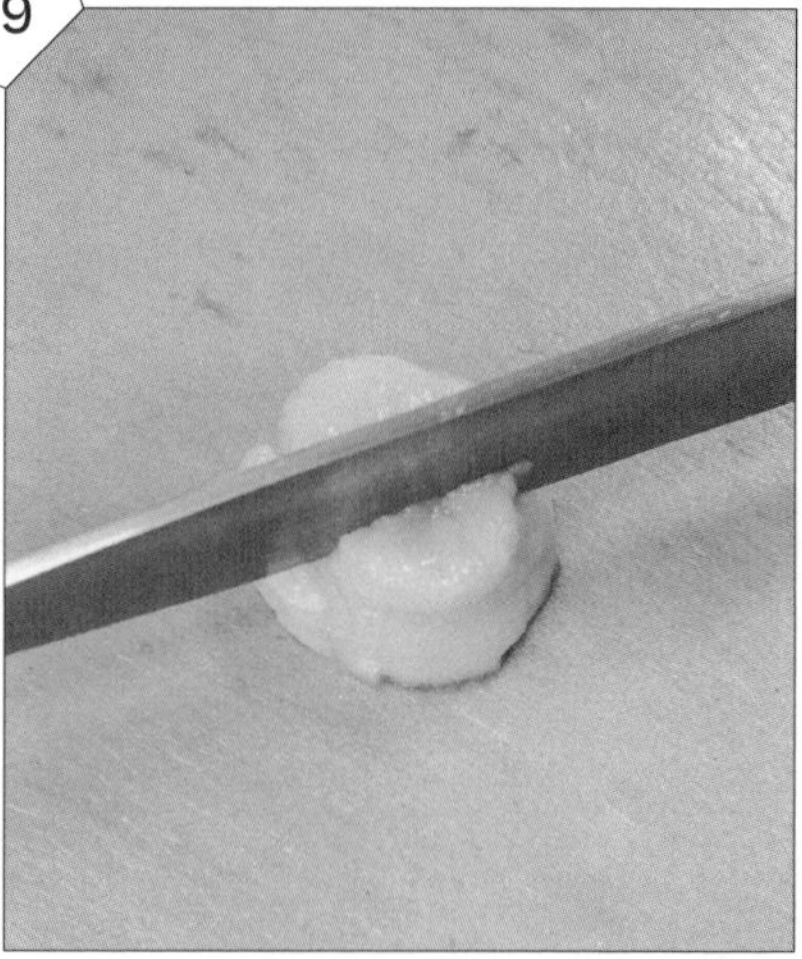

貝柱を切る時は、繊維に沿って縦に切ると旨みが増す。

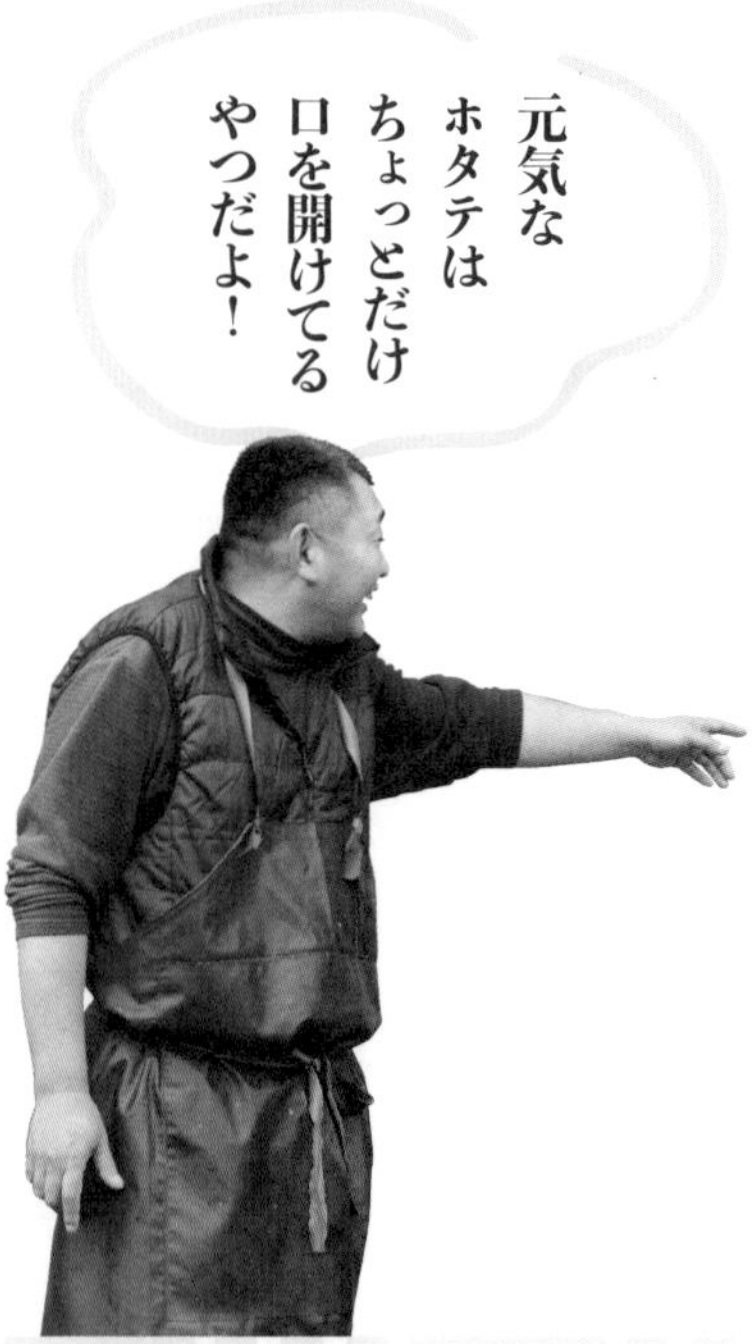
元気な
ホタテは
ちょっとだけ
口を開けてる
やつだよ！

アサリ

選び方

口が開いているものはすでに弱っているか死んでしまっている。死んだ貝はすぐに臭いが出るため、一緒に入っている貝にも臭みが移りやすい。パックで買う場合もよく観察してから買おう。

注意点

1 アサリは砂出しの必要はほとんどない。特に、翌日に使う場合、塩水に浸しておくのはNG。塩分濃度が合っていないため、ほとんどのアサリが死んでしまう。保存は冷蔵庫で！

2 すぐ使う場合は、きれいな水でガシャガシャと殻を擦り合わせるように洗えばOK。

3 すでに口が開いて死んでいるアサリが入っている場合は、生きているアサリにも臭いが移っている可能性が高いので、なるべく選ばない。

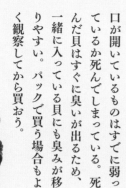

ワカメ

選び方

春先にいただく新芽の生ワカメは旬のごちそう。肉厚で弾力があり、黒に近いような濃い緑色をしているものを選ぶ。

古くから日本の食材として欠かせないワカメは
東北地方を中心に養殖が盛んです。
早春から初夏にかけて採れたばかりのワカメは香り高く、
この時期にしか味わえない美味しさです。

1

たっぷりの水を用意して50 ～ 70度のお湯を作る。

2

切ったワカメをストレーナーに乗せて、お湯の中に入れる。熱湯を使うと、香りが台無しになってしまうのでお湯の温度には注意。

3

ゆっくりかき混ぜる。

4

色が変わったら５秒ほど置いて引き上げる。
この時塩を加えれば風味が上がる。

ワカメを
熱湯に
入れちゃう
人って多いけど、
絶対ＮＧだよ！

仕立てとは？

私が使う「仕立て」は、調理方法の「仕立て」ではなく、布地を裁って衣服に縫い上げる「仕立て屋」の意味。その心は、漁師が獲ってきた魚を、料理人がその一皿に最もふさわしい姿で調理するために、表に見えない裏の部分まで丁寧な処置（料理）を施しておくこと。

魚の切り方、脱水、冷やし。ほんのひと手間を変えるだけで、仕上がりに大きな違いが出る。仕立ての極意をお伝えしましょう。

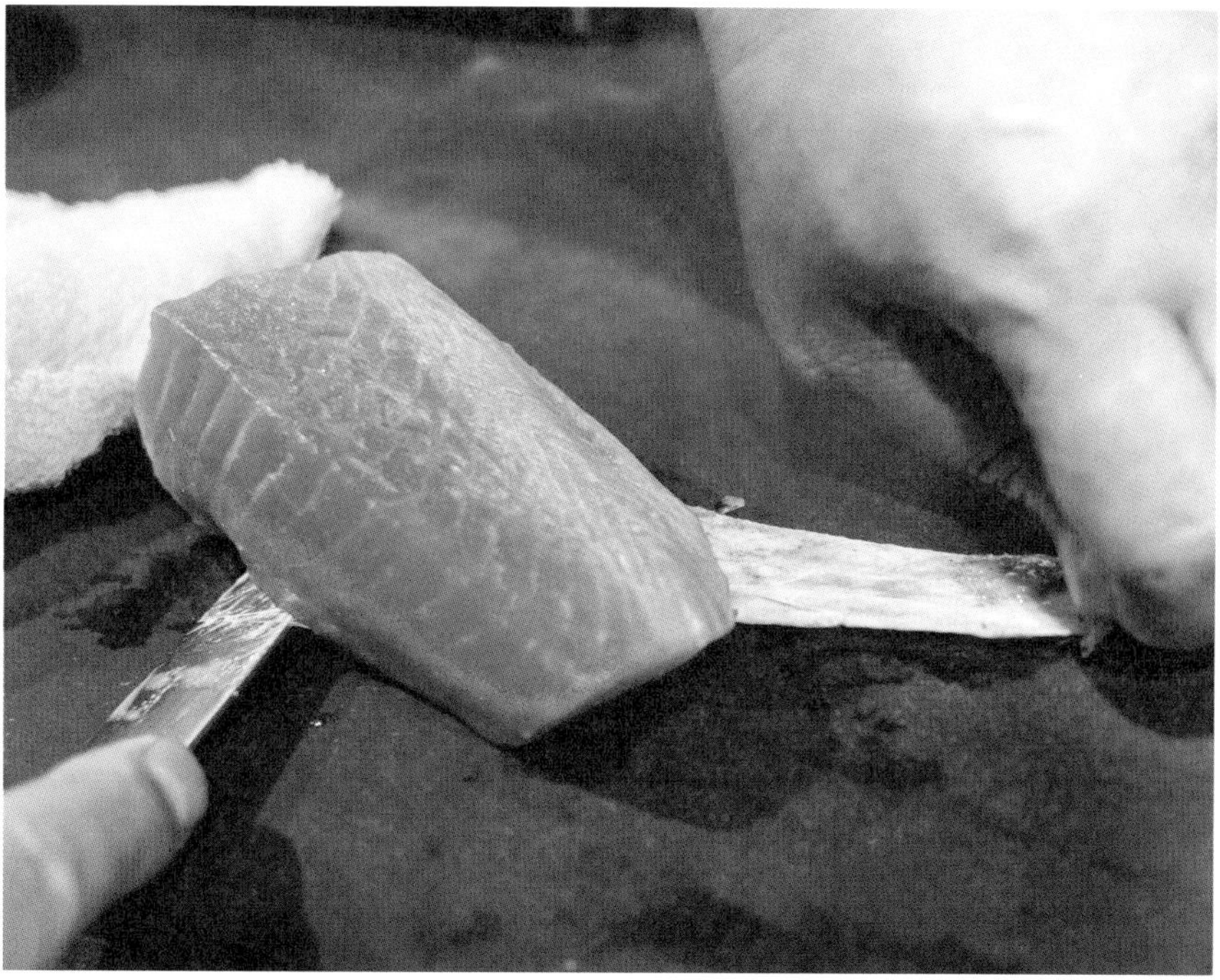

さくの切り方

マグロやカツオのさくは、
切り方で美味しさに
差がつきます。

1

さくをまな板に乗せる。マグロは背側に脂肪が多く、肉の色はピンクがかっているので、ピンクを上にしてさくを置くと、切った時にきれいなグラデーションができる。

2

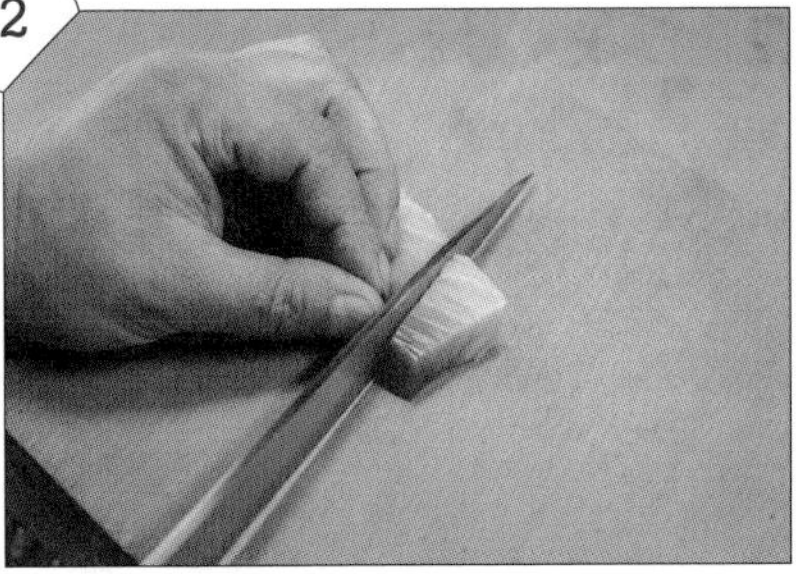

筋目に対して、バッテンを描くように包丁を入れる。

3

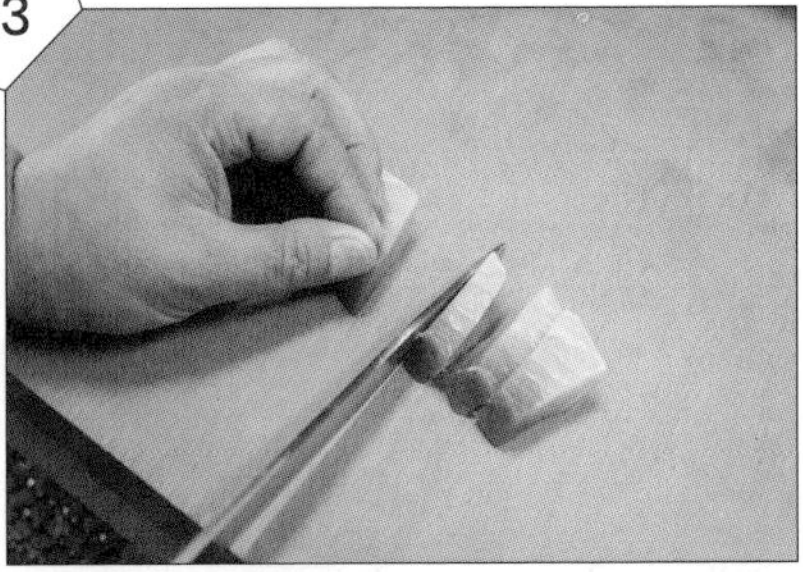

包丁を入れたら、切ったものの側に身を倒していく。

4

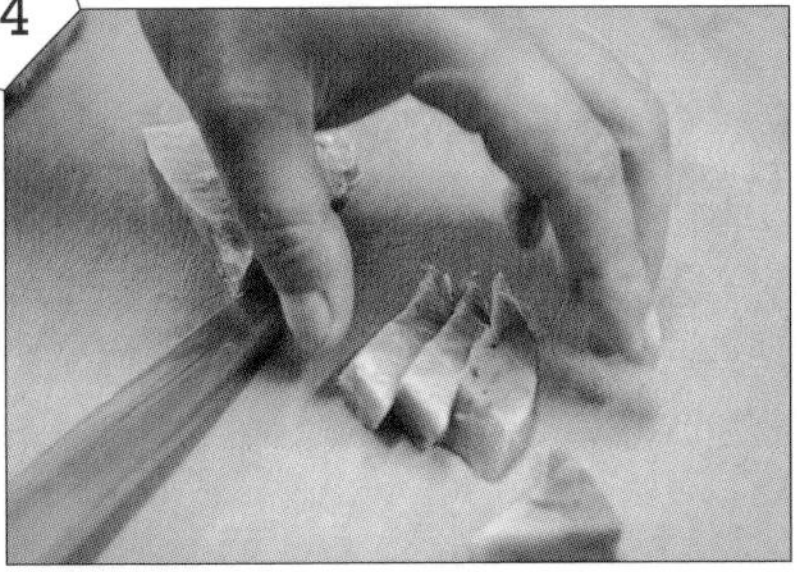

筋目が縦に入っているさくの場合、筋目に沿って切ると食感が良くなる。

すき身の作り方

美味しそう〜！
だけど筋が多い！
というさくはすき身に
しちゃいましょう。

1

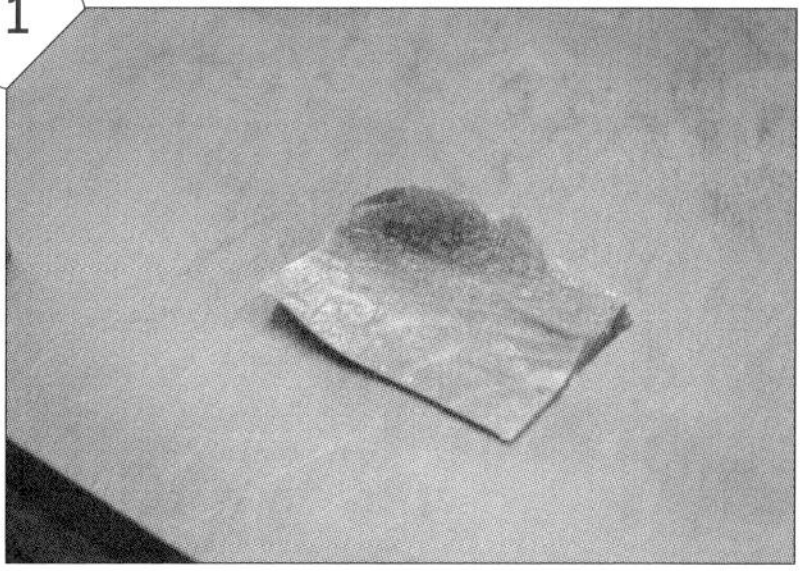

肉質は良さそうでも筋が多いトロなどが手に入ったら、すき身にすると良い。

2

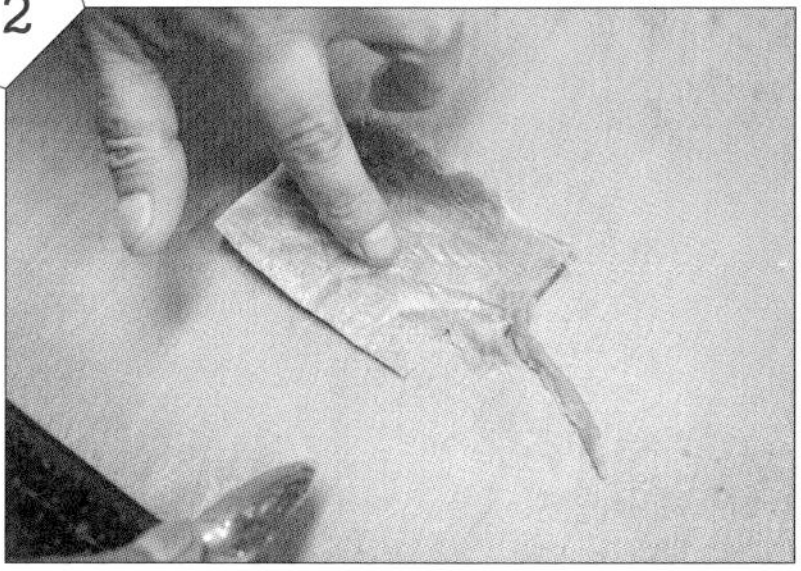

さくを薄く削ぎ切りにして、筋目に沿ってスプーンで肉をこそげ落とす。

3

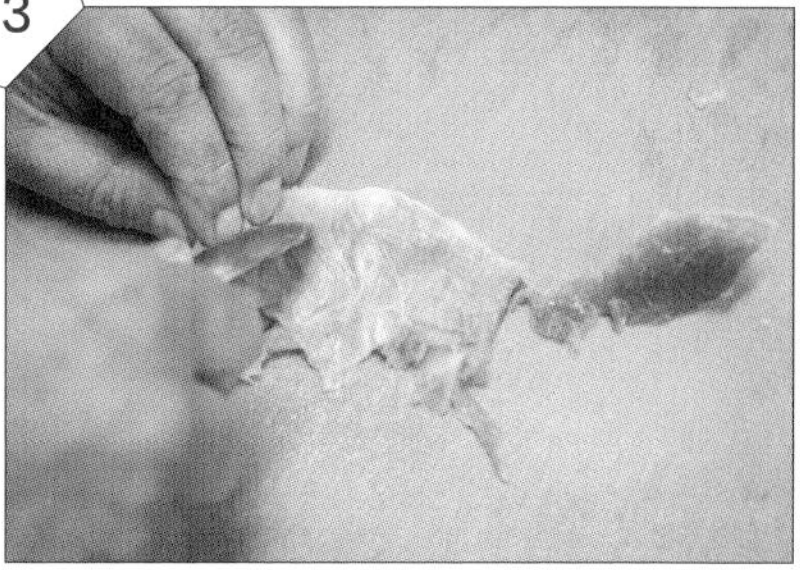

少しずつ、白い筋だけになってくる。

4

裏返して、同じことを繰り返す。

前田式

脱水締め

一つ目のコツは脱水。これさえうまくいけば魚の旨みは大幅アップ。

サスエ前田といえば脱水締め。三枚におろした魚のフィレに塩を振り、余分な水分を浮き出させて脱水することによって、魚の旨味が増し、臭みが取れて鮮度の保持がしやすくなる。専門店用の仕立てでは、魚種はもちろん、シェフの調理方法によってその塩梅を変えて、一期一会の魚との出会いまでが仕立てに含まれる。

タイやヒラメなど、白身系の魚はひと塩を振って脱水することで、旨味が上がり、品質を保つ効果が期待できる。アジ、サバ、イワシなどの青物にも有効。イカは、塩水にくぐらせると甘みが増すが、その他の貝類、甲殻類は塩味が強いのでNG。

1

魚全体に塩を薄く振って15分ほど置く。量の目安は、さく１本あたり裏表それぞれ塩３〜５つまみ。

2

水分が浮いてきたら、布巾などできれいに拭き取って脱水完了。

3

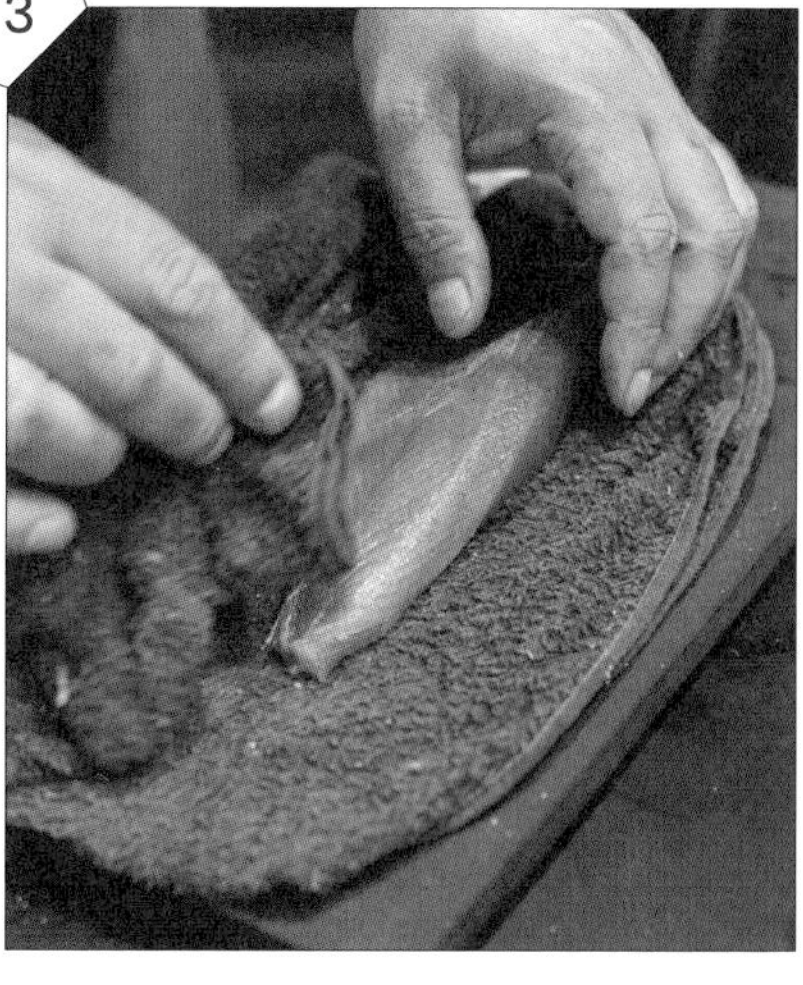

ラップをかけずに冷蔵庫で15分冷やす。冷やし終えたら、濡れ布巾などで魚の表面についている余分な塩を軽く拭き取る。

このひと手間が、
すべてを変える
と言っても
過言ではないよ

前田式

冷やしと保冷

二つ目のコツは冷やし。
買ってから家の冷蔵庫までを
どう保冷するかが肝。

魚を美味しく食べる方法として、私が一番に挙げているのは「冷やし」。そもそも魚は10～20℃、深海の魚になればそれよりさらに冷たい海水の中に生息しているもの。20～30℃の常温は、魚肉にとっては灼熱に晒されたのと同じようなストレスとなる。その前提で、魚を扱うことが第一だ。サスエ前田が専門店に卸している魚の「冷やし」は、現在では100通り以上の方法で行われている。ふわふわのかき氷ベッドがあれば、海水を凍らせてシャーベット状にした氷もあり、その種類だけでも12種類以上。発泡スチロールを使った「冷やし」方も、氷を長方形に敷き詰めて、L字型に通路のように空きを作って魚を入れたり、急速に芯まで冷やすために中央に氷をドンと入れたりと、魚種や届け先、調理方法によって全く違う「冷やし」を施す。

店頭で魚を買って家に持ち帰るまでの間に、魚が常温に戻ってしまうと、魚肉の細胞は壊れてしまい、いわゆる「ドリップ」が出た状態になる。この「ドリップ」は、死んだ魚の筋肉に含まれるATPが旨味成分であるイノシン酸に変わり、さらに時間の経過とともに臭み成分に変化したもの。店頭では、ドリップが少ない魚を選ぶことも大切だ。

1

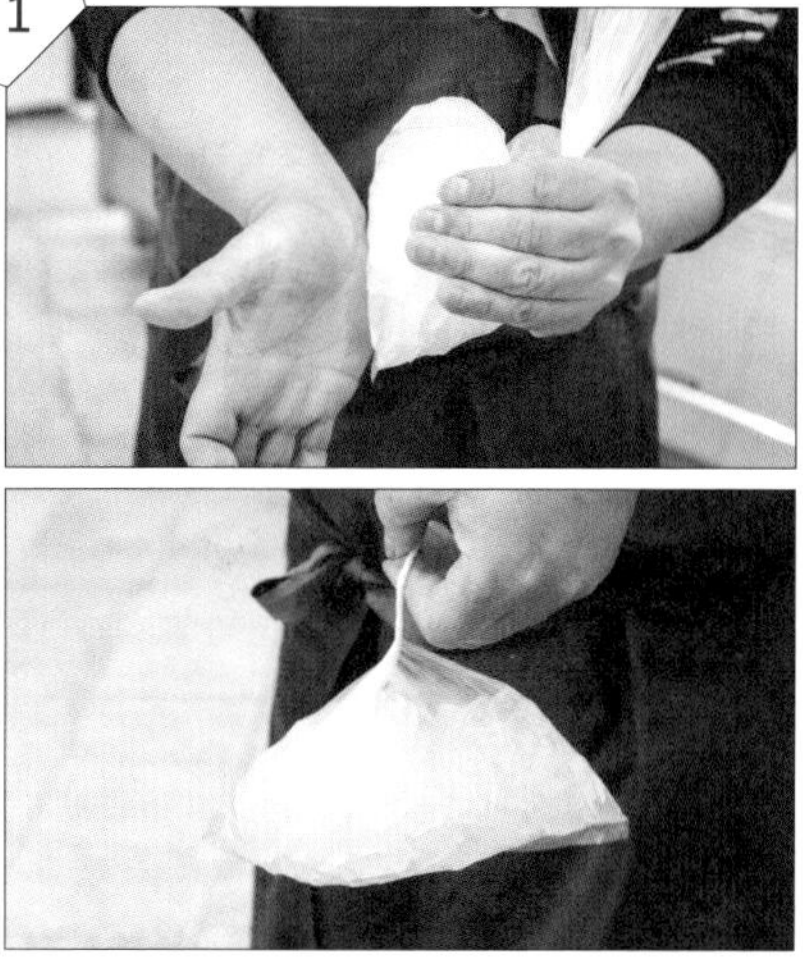

ビニール袋に氷を詰めたらビニール袋の口を持ち、底をトントンと打ち付けて隙間なく氷を詰める。なるべく空気を抜いたらビニール袋をくるくる回して紐状にしてしばる。

2

氷入りのビニール袋はいくつか作っておき、クーラーボックスを持っていたらボックスの底に敷き詰め、新聞紙で覆う。

3

先に重いものから乗せてフラットに重ね、できるだけクーラーボックスの中に空気が入らない密封状態を作る。

4

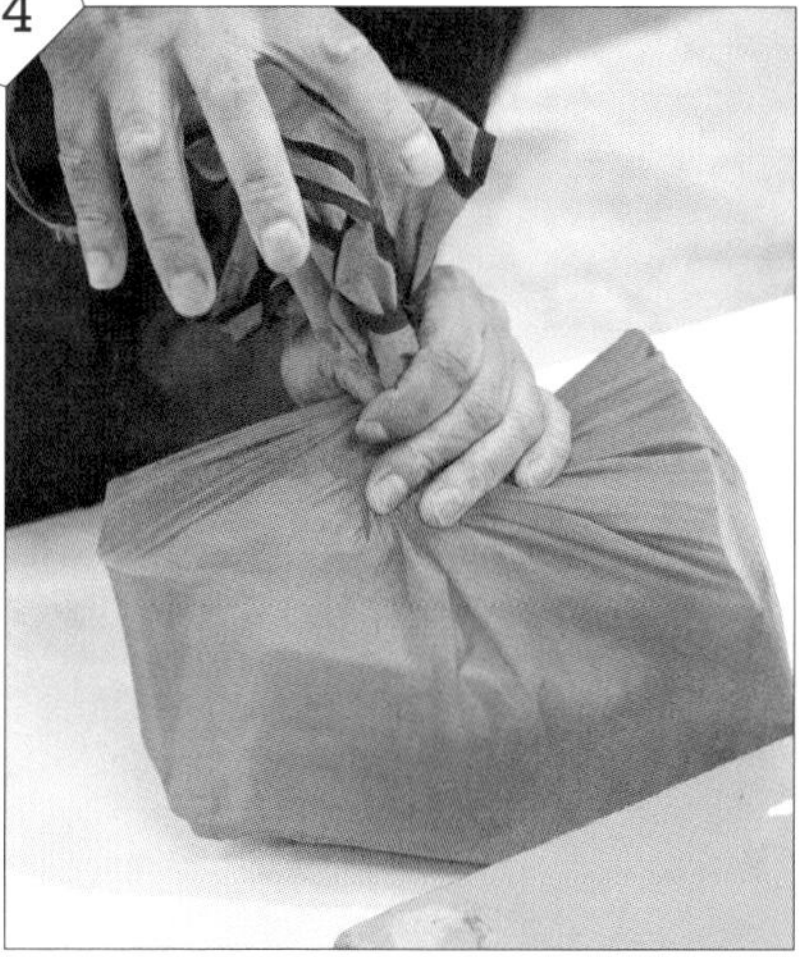

買い物袋の場合、荷物を詰め終わったら、できるだけ空気が入らないように袋の口を絞ってしばる。

前田式

干物の作り方

仕立てさえできれば、
あとは太陽にお任せ。
極上の干物を手作りしよう。

1

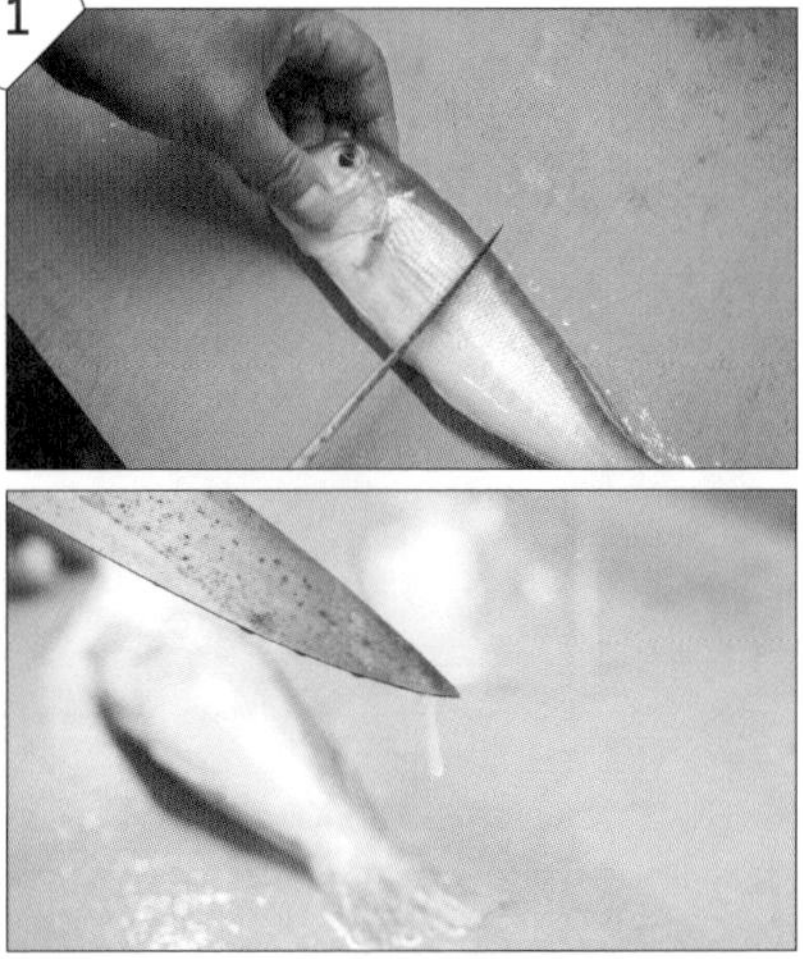

頭から尻尾に向かって包丁の背でなぞり、粘膜を取る。アマダイは鮮度がいいほどぬめりがある。アマダイの干物の場合、ウロコは焼いて食べると旨いのでつけたままにする。

2

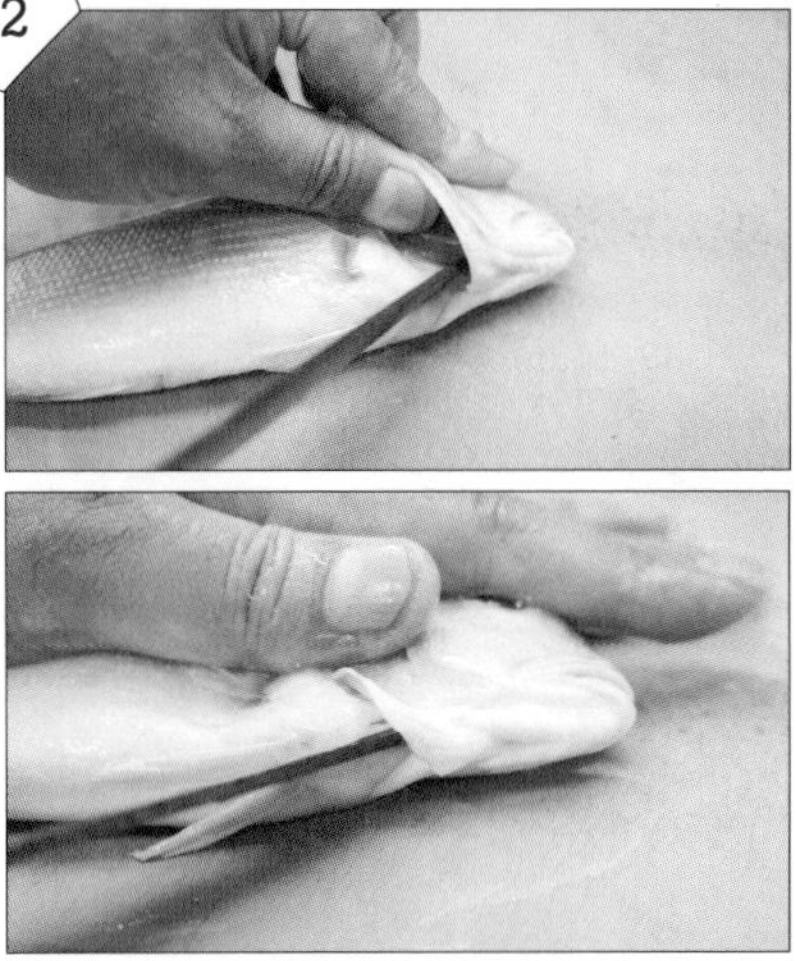

エラを持って、魚の顔の下側真ん中から、肛門まで包丁をスッと入れる。

3

指をエラに入れて、切り離す。

4

エラと一緒に、包丁で内臓を出す。なるべく魚の肉に触らないようにする。

5

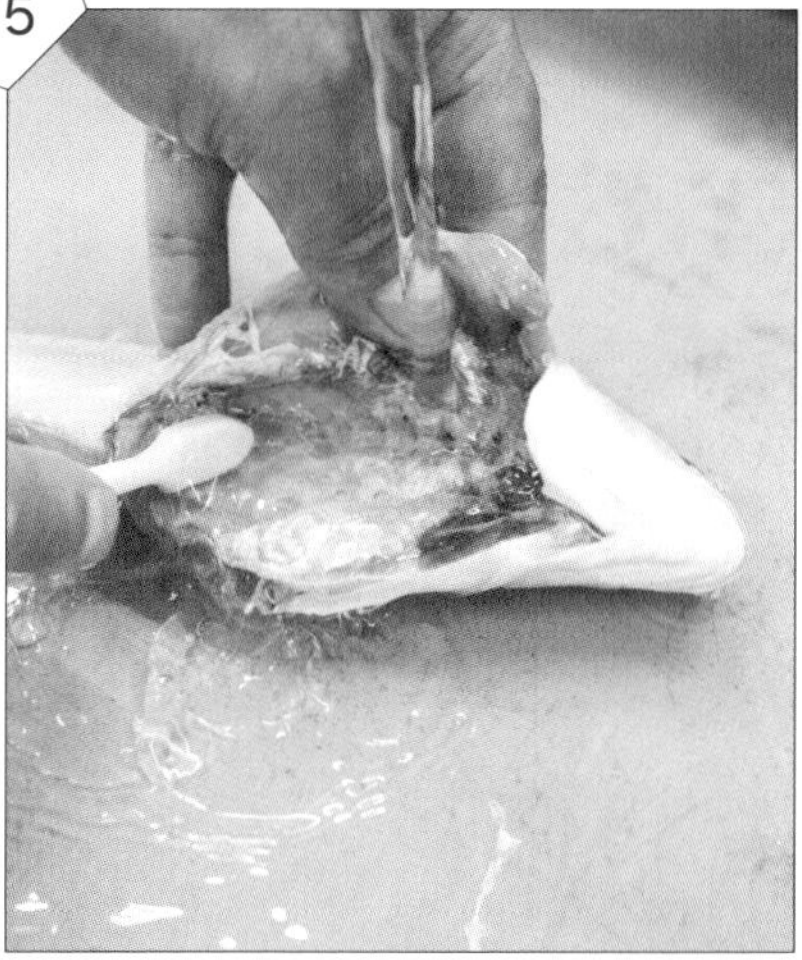

脊椎の膜を包丁でこそげ取り、歯ブラシを使って流水できれいに洗う。

6

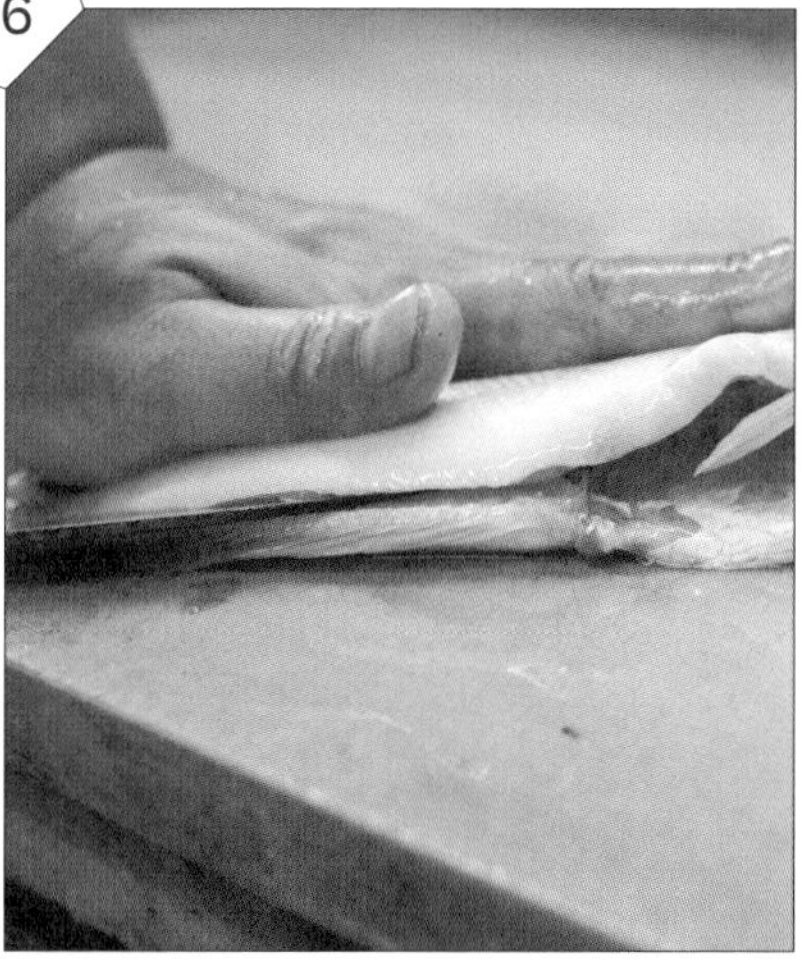

腹ビレの上部分から、尻尾まで真っ直ぐ包丁を入れる。

7

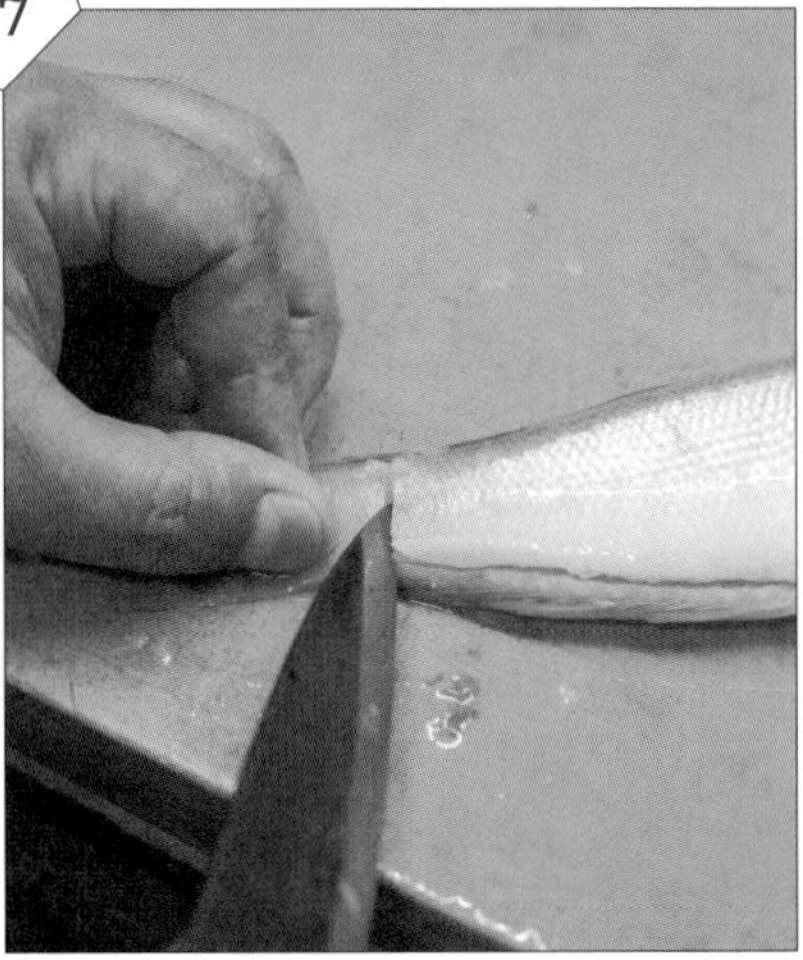

尻尾のところで切れ目を入れる。

8

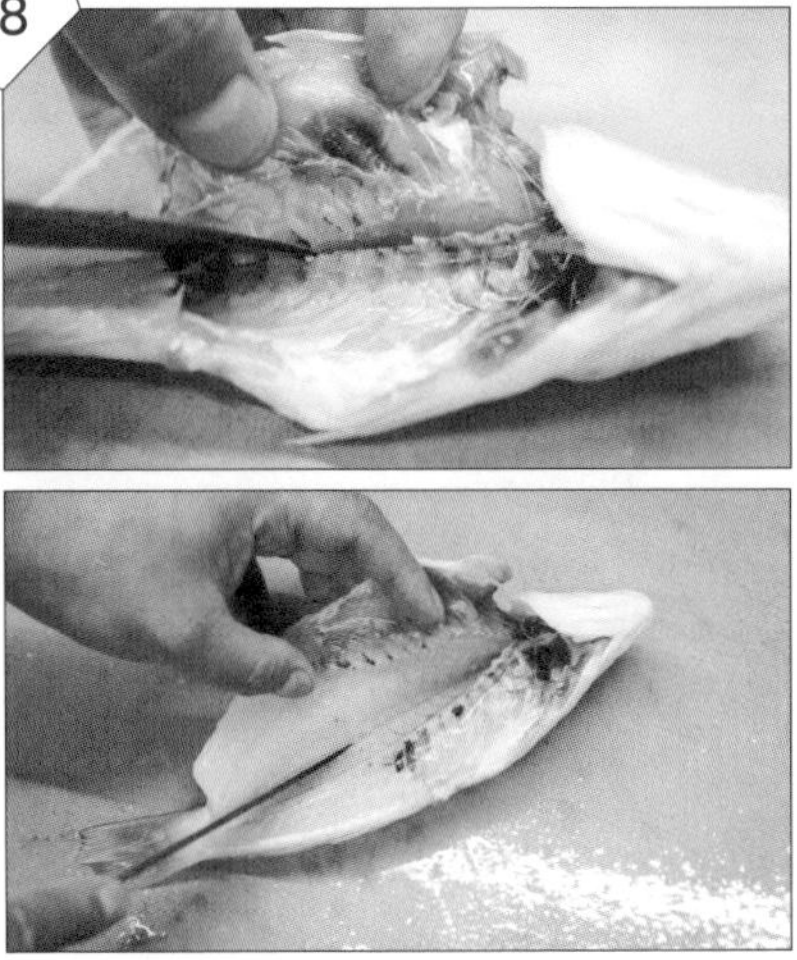

背を押さえて開き、背骨の上に斜めに包丁を入れて肉を外す。

9

逆向きにして、頭を割る。この時、尻尾のところを切り離しておくのが重要。

10

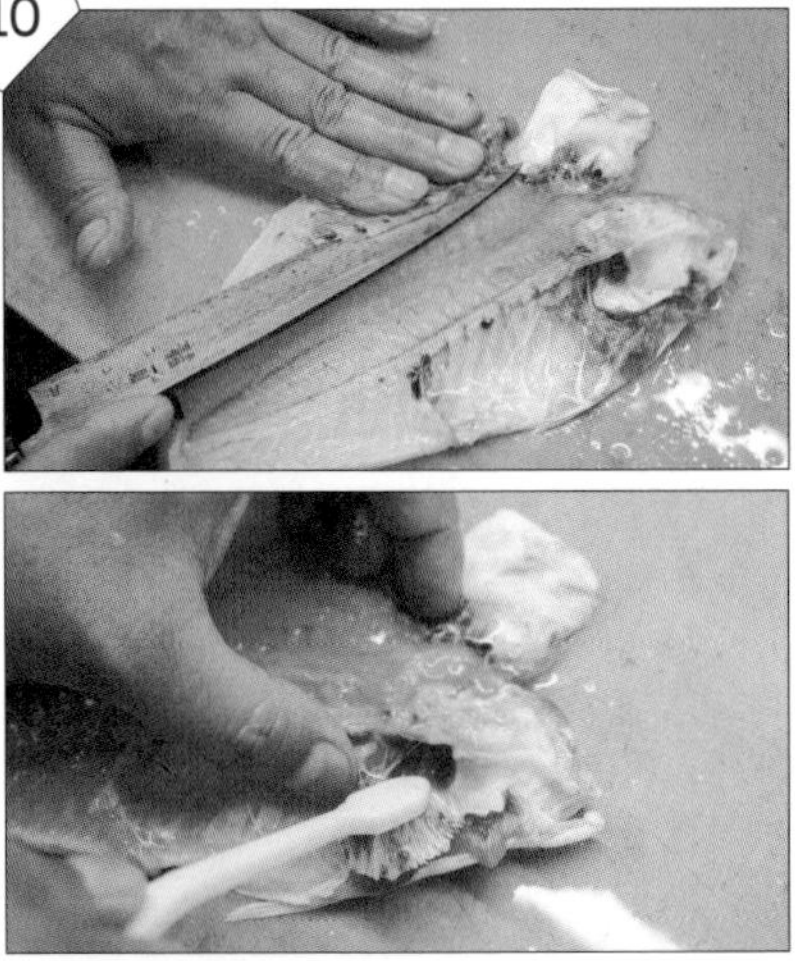

腹骨を取る。頭と体をつないでいる硬い骨を取る。目の周り、脳みそを洗い流す。

11

粗塩を溶かして塩水を作る。

12

身を下にして漬ける。全体が水に浮かんでくるくらいの濃度にする。200グラムのアマダイで15分ほど。

13

日光に直接当てる。身を表にして干す。表面が乾くまで干し、裏側も同じように干して完成。干物も鮮度が大事。日持ちはしないものと心得て。

干物って
保存食じゃない
ですよ！
そこんとこ、
誤解なきよう！

第2章

前田式 家庭でできる食感と旨味を引き出す魚料理 実践編

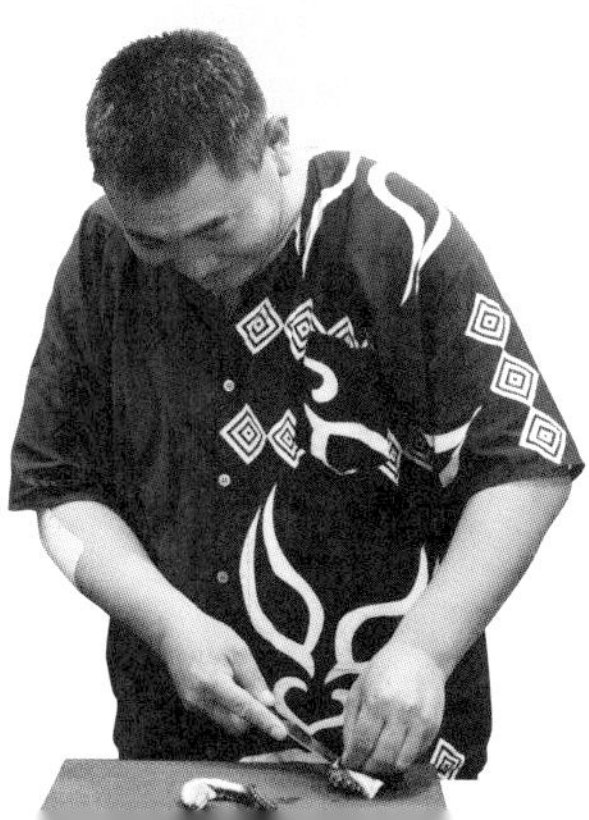

まずは基本中の基本!!

煮魚と焼き魚の作り方をマスター!

魚料理の大定番、煮魚と焼き魚。私も小さい頃から幾度となく煮魚、焼き魚を食べてきました。

煮魚と焼き魚だけでも美味しい作り方を覚えておくと、今後の食生活が飛躍的に変わります。

ここでは、私が普段実践している食べ方について、できるだけ多くの写真をまじえながらお教えします。

仕立て方、味の入れ方、そして食べ方。この3つが揃うと、美味しさがグッと引き立ちます。

ご購入ありがとうございました。ぜひご意見をお聞かせください。

■ お買い上げいただいた本のタイトル

ご購入日：　　　　年　　月　　日　　書店名：

■ 本書をどうやってお知りになりましたか？

□ 書店で実物を見て
□ 新聞・雑誌・ウェブサイト（媒体名　　　　　　　　　　　　　　　）
□ テレビ・ラジオ（番組名　　　　　　　　　　　　　　　　　　　　）
□ その他（　　　　　　　　　　　　　　　　　　　　　　　　　　　）

■ お買い求めの動機を教えてください（複数回答可）

□ タイトル　□ 著者　□ 帯　□ 装丁　□ テーマ　□ 内容　□ 広告・書評
□ その他（　　　　　　　　　　　　　　　　　　　　　　　　　　　）

■ 本書へのご意見・ご感想をお聞かせください

■ よくご覧になる新聞、雑誌、ウェブサイト、テレビ、
よくお聞きになるラジオなどを教えてください

■ ご興味をお持ちのテーマや人物などを教えてください

ご記入ありがとうございました。

POST CARD

料金受取人払郵便

小石川局承認

7741

差出有効期間
2025年
6月30日まで
(切手不要)

112-8790
127

東京都文京区千石4-39-17

株式会社　産業編集センター
出版部　行

★この度はご購読をありがとうございました。
お預かりした個人情報は、今後の本作りの参考にさせていただきます。
お客様の個人情報は法律で定められている場合を除き、ご本人の同意を得ず第三者に提供することはありません。また、個人情報管理の業務委託はいたしません。詳細につきましては、「個人情報問合せ窓口」(TEL:03-5395-5311〈平日10:00～17:00〉)にお問い合わせいただくか「個人情報の取り扱いについて」(http://www.shc.co.jp/company/privacy/)をご確認ください。

※上記ご確認いただき、ご承諾いただける方は下記にご記入の上、ご送付ください。

株式会社 産業編集センター　個人情報保護管理者

氏名《ふりがな》

(男・女／　　　歳)

ご住所　〒

TEL：

E-mail：

新刊情報をDM・メールなどでご案内してもよろしいですか？	□可　□不可
ご感想を広告などに使用してもよろしいですか？	□実名で可　□匿名で可　□不可

絶品煮魚

煮魚のイメージが変わる！
身はふっくらで淡白な味わい、
タレは絡めながらいただくもの。

［材料］

タイなど	1尾
醤油	50cc
みりん	25cc
さとう	20g
酒	50cc
水	150cc

(1)ウロコ引きや包丁でウロコを取る
(2)P50、P51のやり方でエラと内臓を取り除き、腹の中をきれいに洗う
(3)調味料を全て混ぜて平たい鍋に入れる
(4)魚も一緒に入れて、強火で煮立たせる
(5)煮立ったら弱火にして落とし蓋をして、7〜8分煮る
(6)魚に火が通ったら取り出して、タレを5分ほど煮詰める

※切れ目を入れたほうが味が入るが、煮汁をかけながら食べるので小さな魚ならそのままでOK

煮魚を美味しく食べるレッスン

1

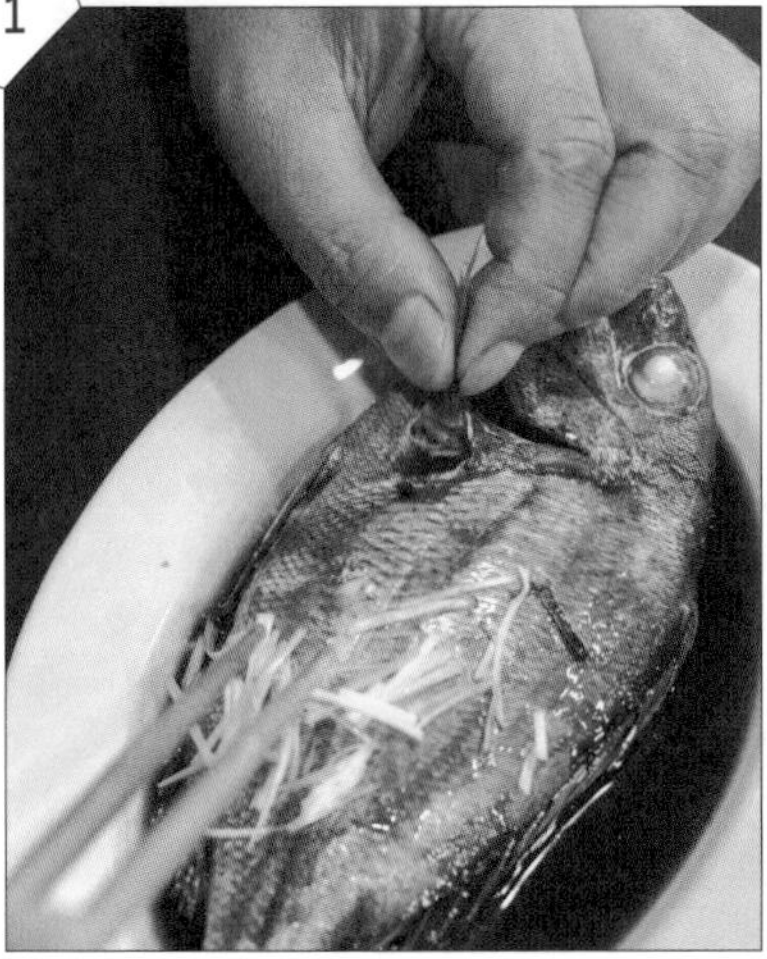

胸ビレを取る。

2

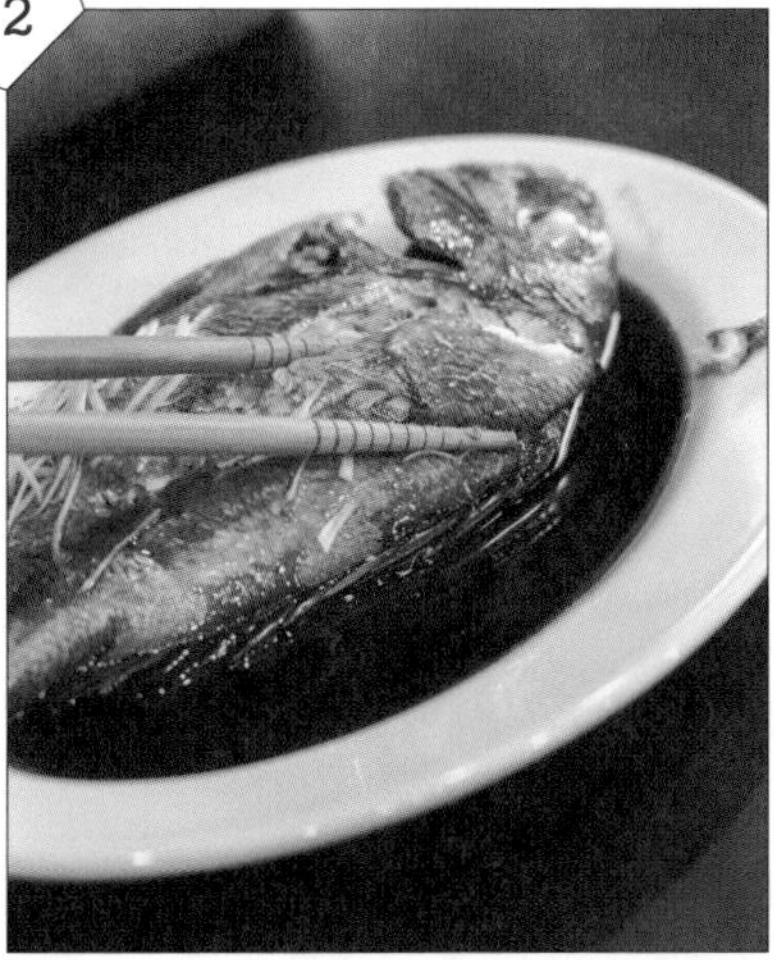

背骨に沿って、真ん中あたりに線を入れる。頭の上に箸を入れて、まずは表の上半分に平らに箸を入れる。この時、背ビレのラインは触らない。

3

上半分を外して、先に食べたら、背ビレのある部分の骨を身から離す。次に、背骨に沿った部分を食べる。魚の腹側も骨に沿って、身を外していく。

4

肛門より尻尾側の身を外して食べる。骨の上をなぞるように優しくこそげ取る。

5

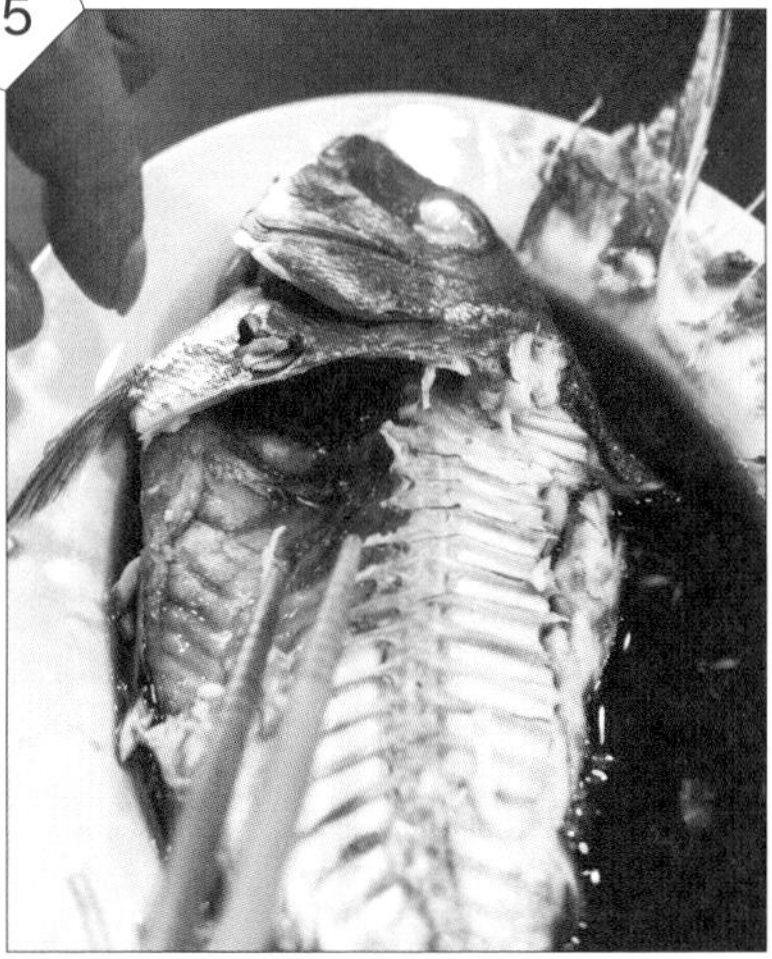

腹ビレは、頭の方に倒す。腹の内側の骨と骨の間の身を食べてから腹骨を外す。

6

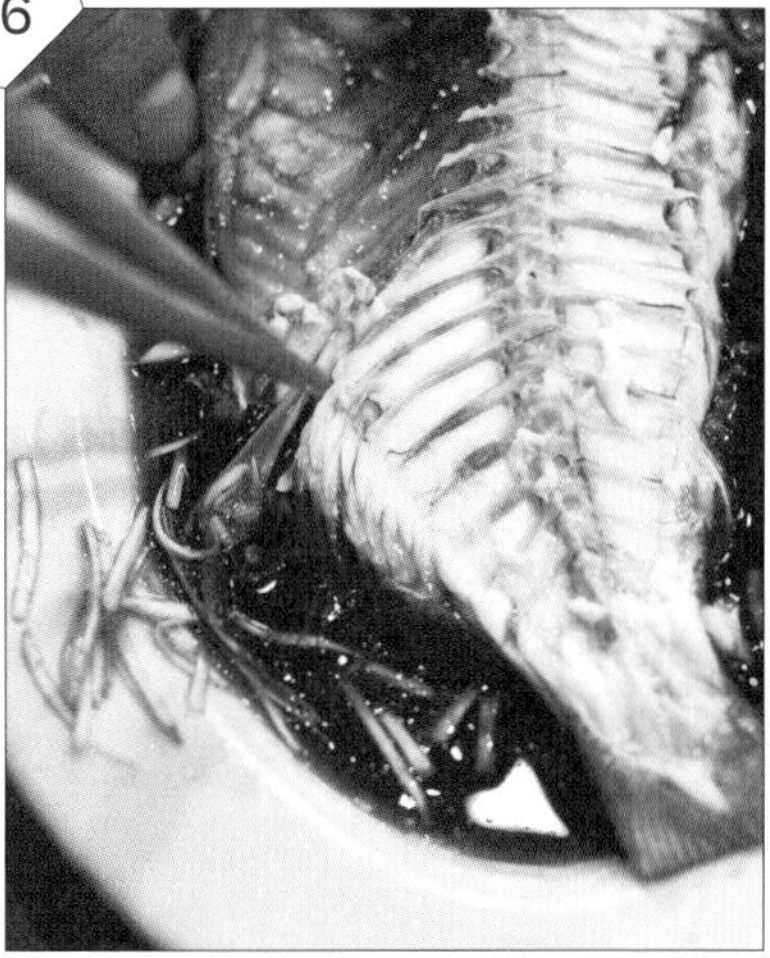

尻ビレの近くにも尖った小骨があるので、これを下に押し出すようにして外す。

7

中骨を外す。

8

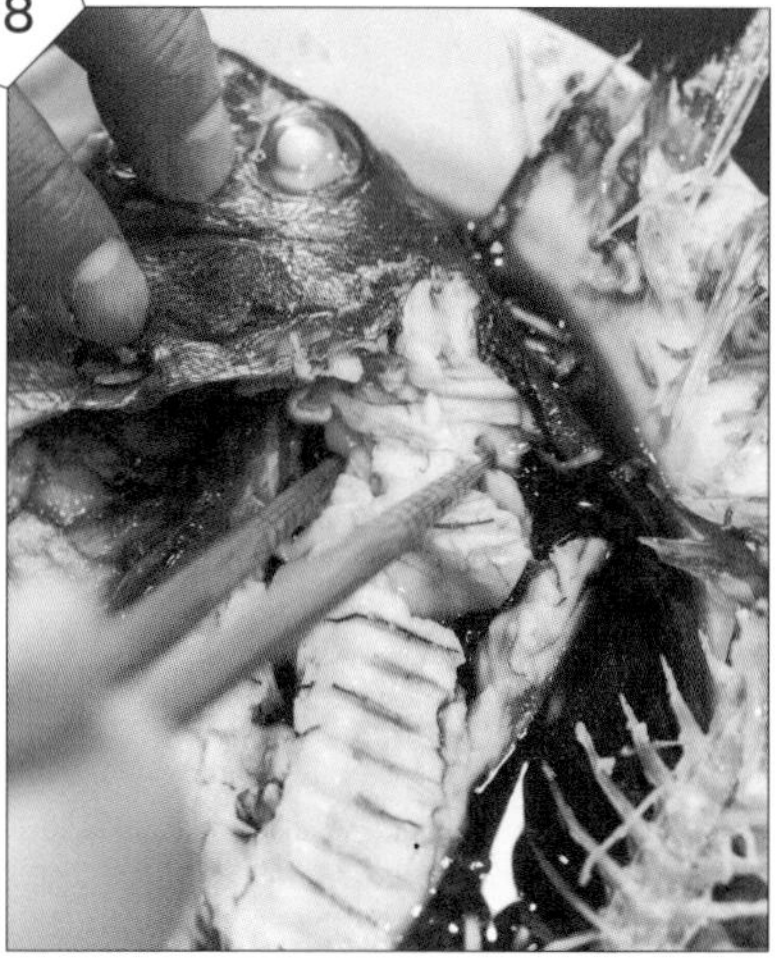

ここまでで、魚が身の裏半分と頭だけになった状態。身の中央に小骨が残っているので、箸で上下に広げるようにして、骨から身を剥がすような感じで食べていく。

9

頭は、カマの間に箸を入れて、二つのカマを外す。こうするとヒレは抜きやすく、身も外しやすくなる。

10

頬肉も弾力があって旨いのでしっかり食べる。

11

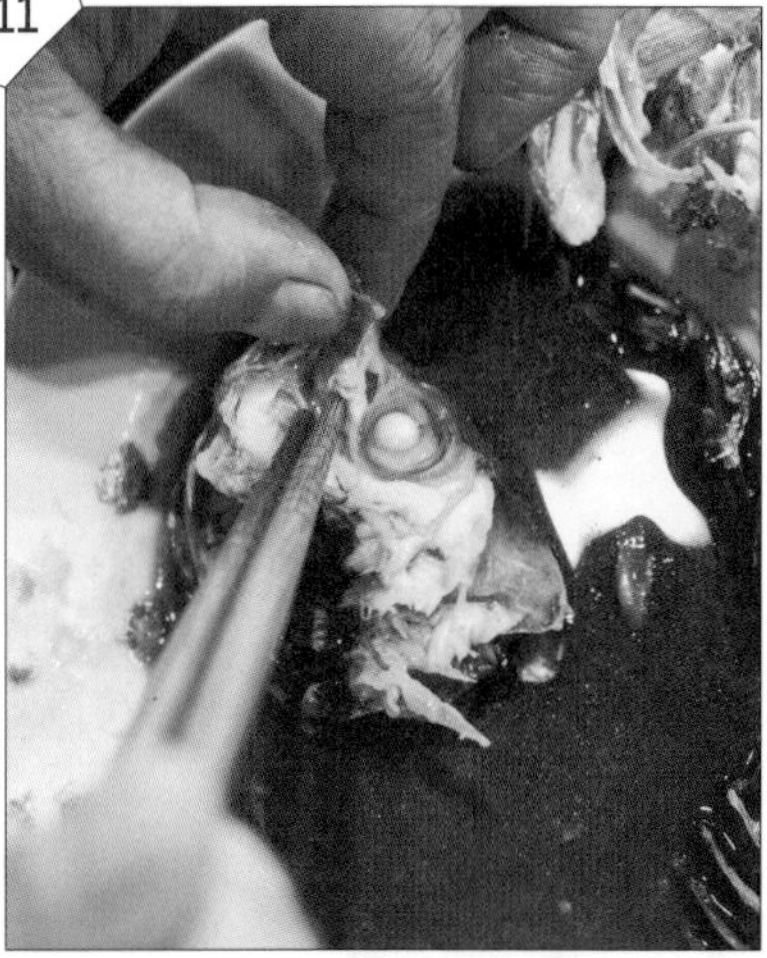

目は苦手と言う人は多いけれど、目のまわりもしっかりほぐして食べよう。

12

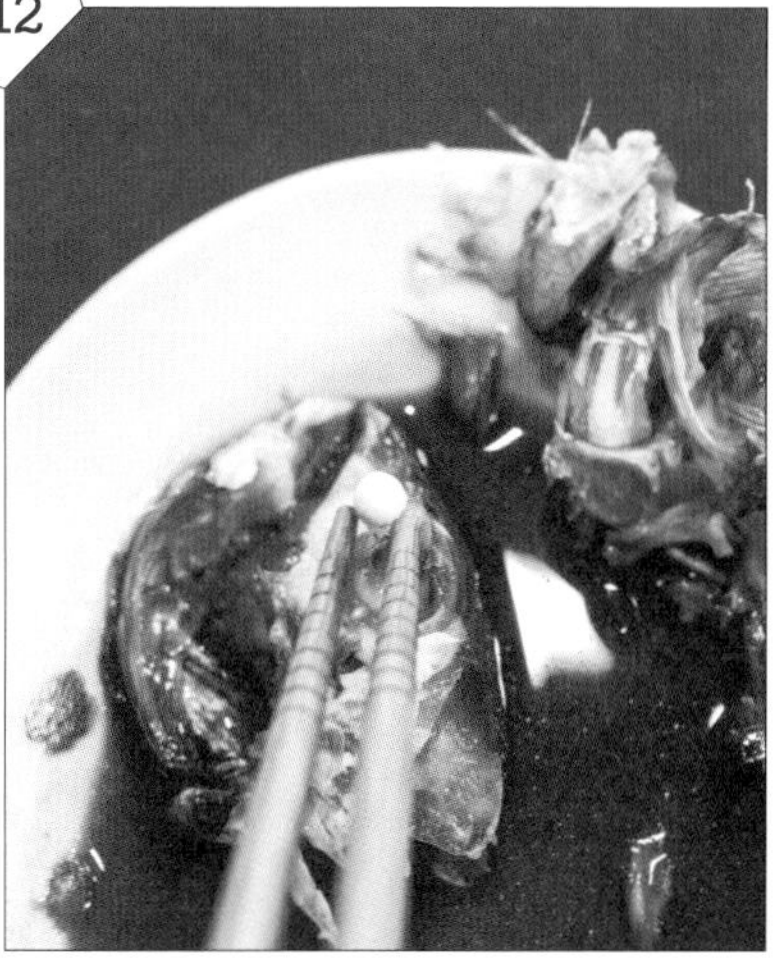

眼球を取ると中にゼラチン質がある。

13

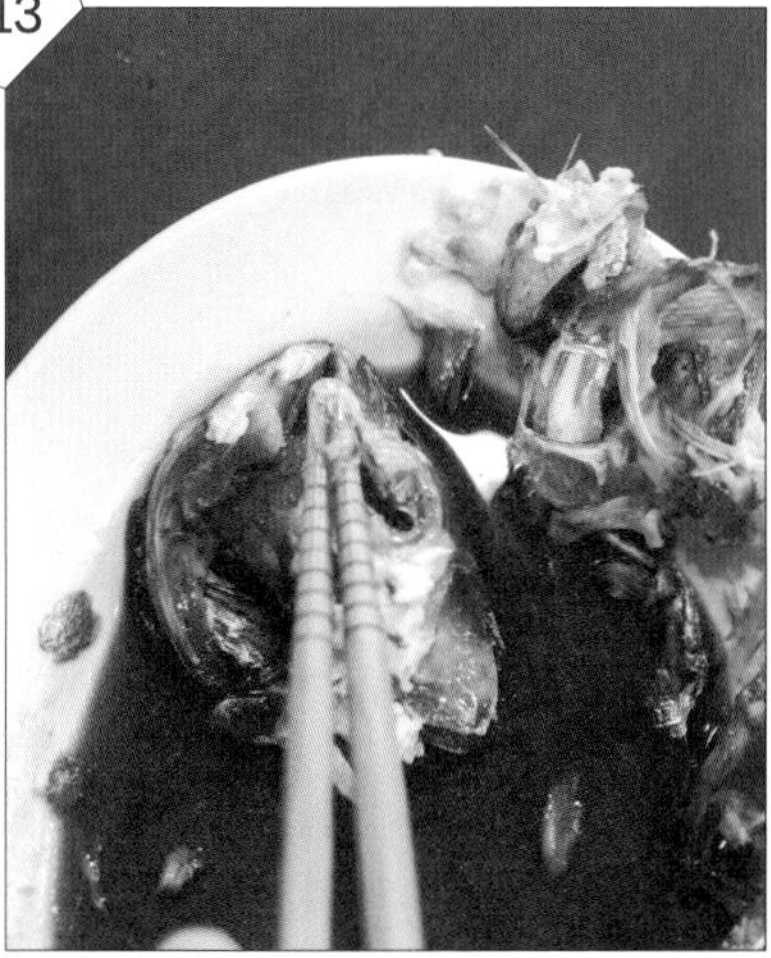

見た目は黒くてドロリとしているが、これが旨い。ぜひ食べてみよう。

14

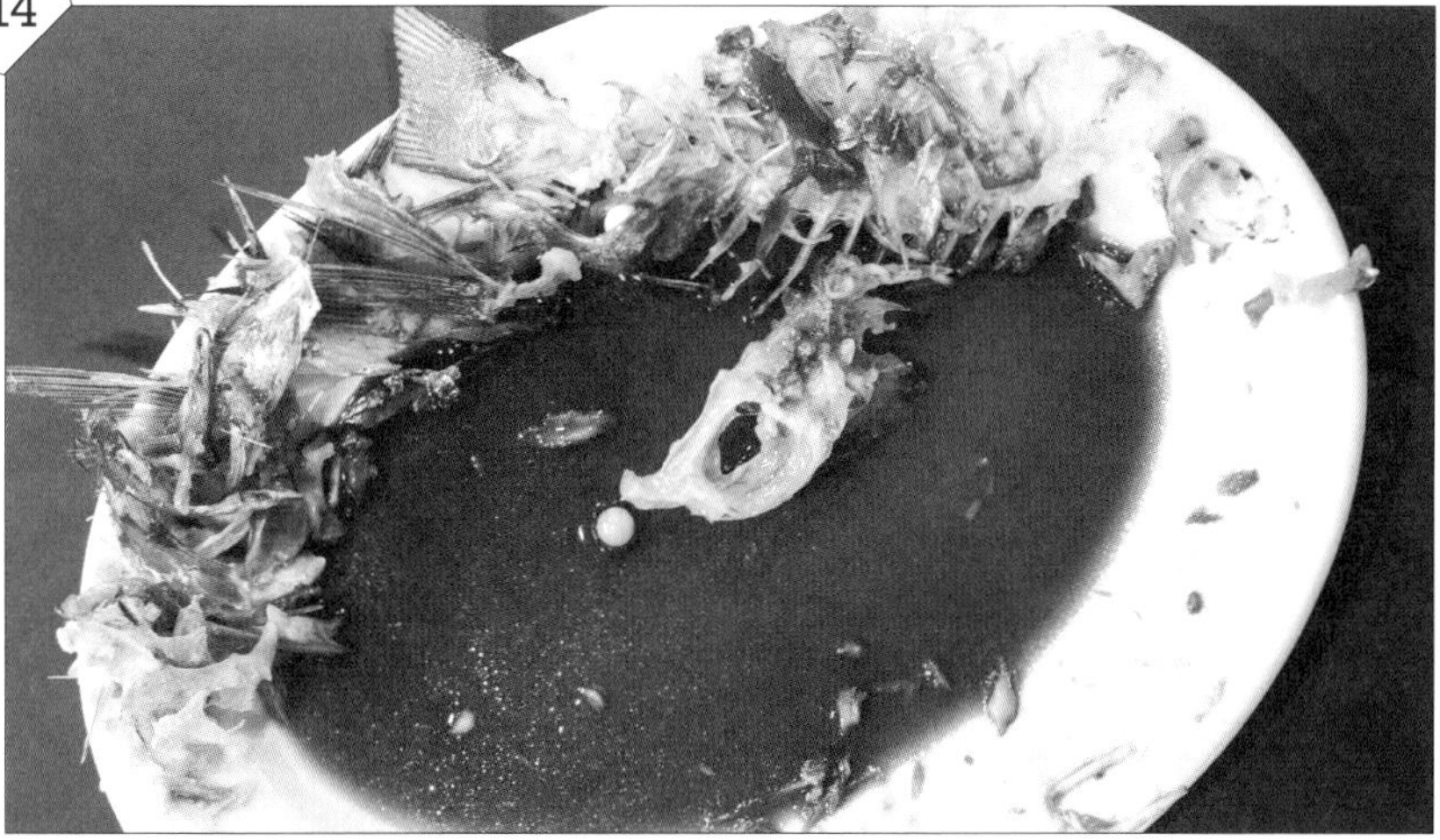

小さい骨も一つずつ外して、味わい尽くせばこの通り！

サンマの塩焼き

シンプルにして、
これほど旨いものが他にあるだろうか？
白いご飯との最強コンビを味わい尽くそう。

［材料］
サンマ　1尾
塩　サンマ1尾に対して小さじ3分の1程度

（1）サンマは青いウロコが残っていれば包丁を滑らせて取る
（2）グリルを使う場合は、サラダ油をサッと塗って2〜3分、先に網を空焼きする
（3）サンマの両面に塩を振り、中火にして7〜8分（熱源が片面の場合は途中で裏返す）焼き目が付くまで焼く

焼き魚を美味しく食べるレッスン

1

頭を取る。

2

真ん中あたりに線を入れて、箸で上下に割く。

3

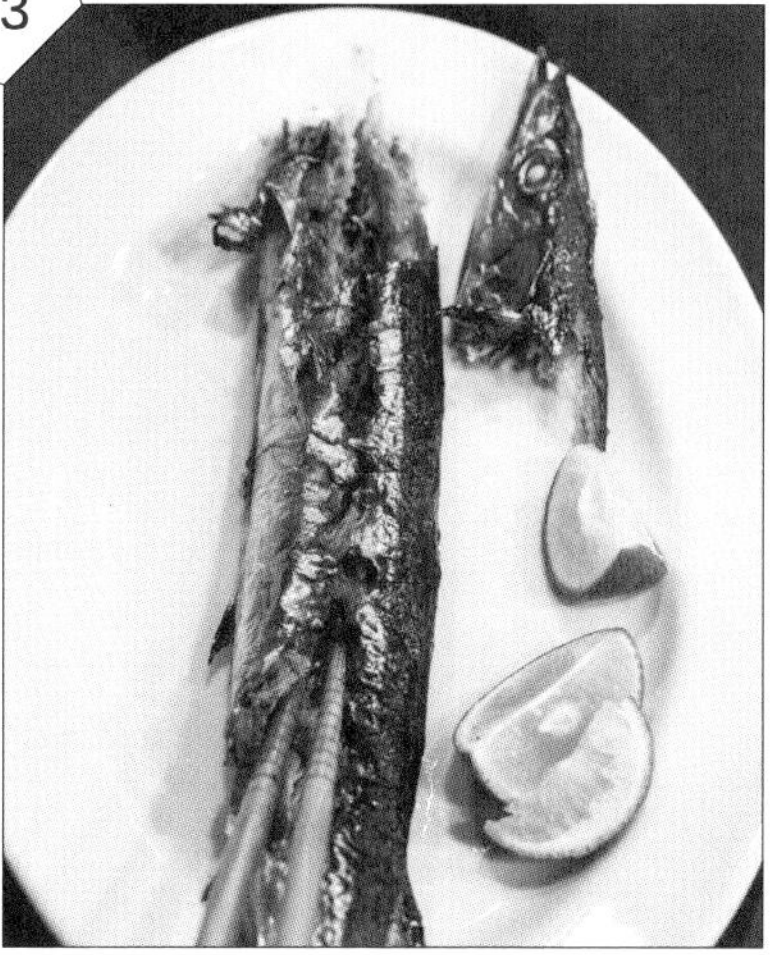

肛門までワタがあるので、そこまで線を入れて腹側に身を起こし、腹側の身を分ける。

4

背中側の身を上に押し上げ、身を分ける。

5

腹骨が多いところの骨を外す。

6

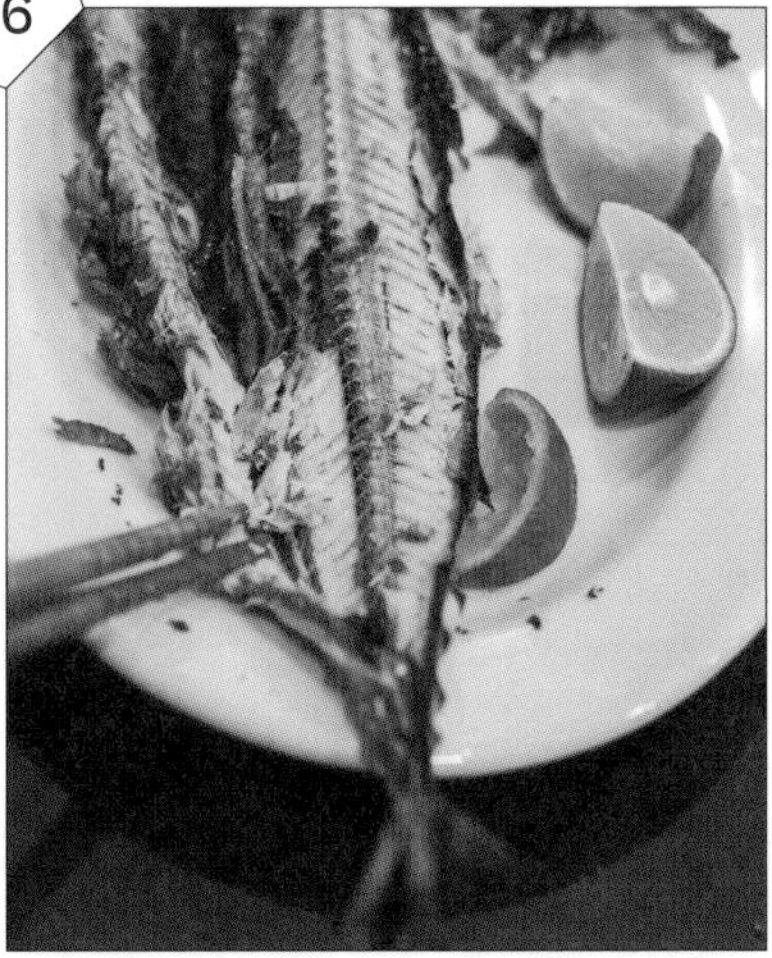

箸を頭から尾に向かって滑らせると、骨が立ち上がるので、それを取り除く。

7

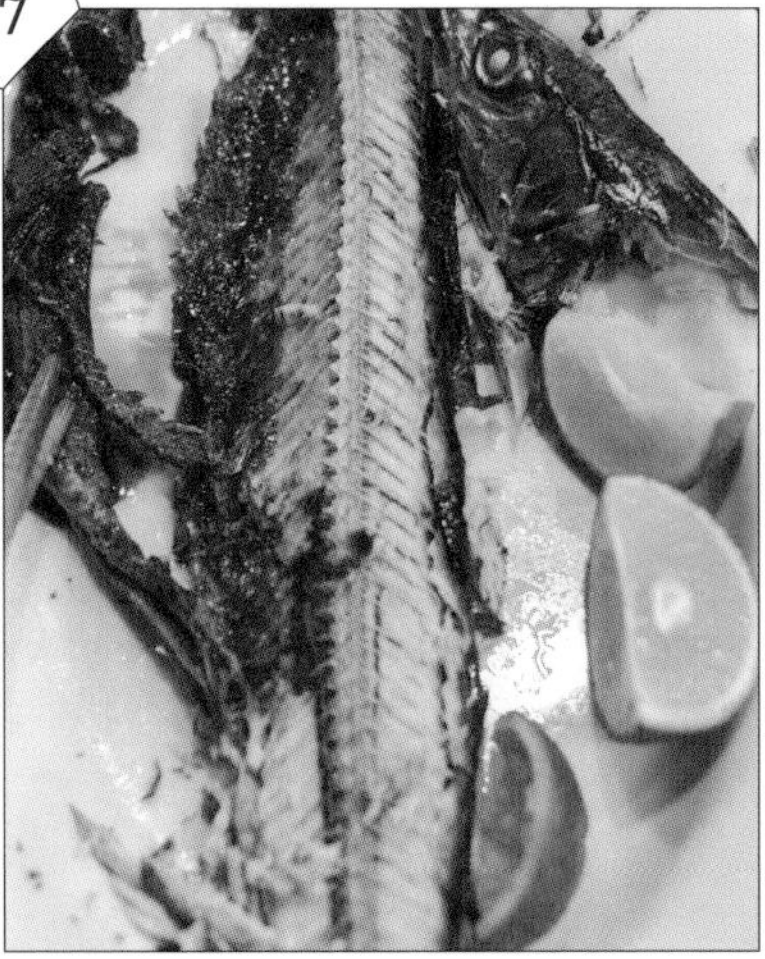

ワタも外す。ワタは少量の醤油に入れて潰す。

8

骨を外していく。カマの骨、腹骨も、箸で剥がすイメージで。背ビレの骨も固いので取る。

9

これらの骨を取り除いたら、身はほぐれやすくなる。

10

わずかに残っている小骨に注意しながらいただこう。

11

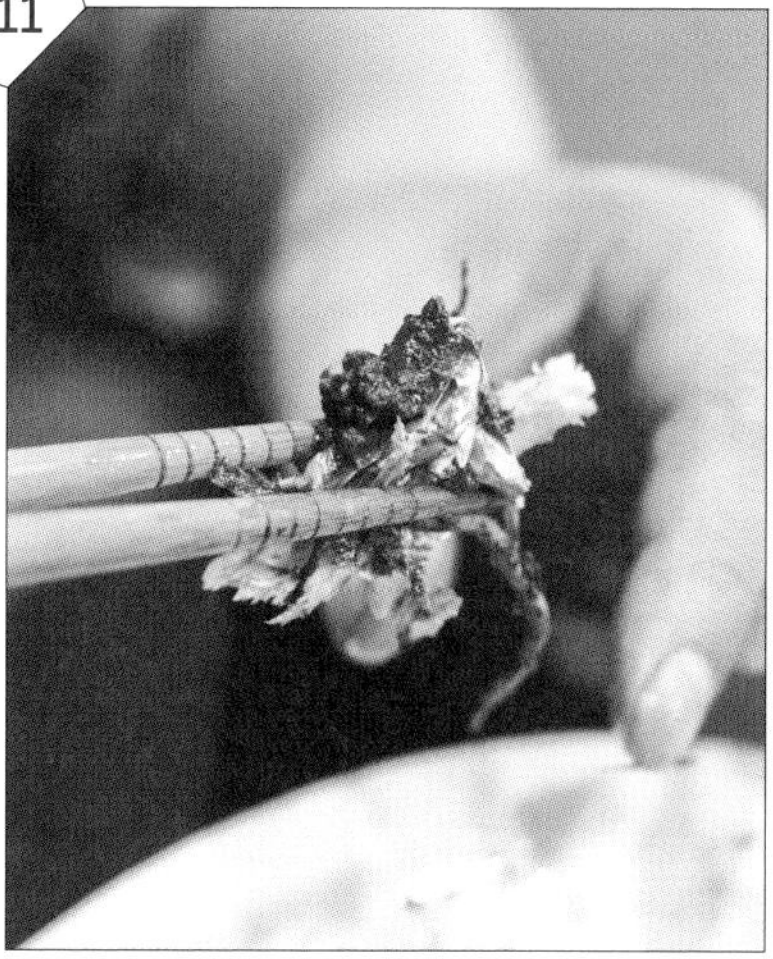

皮のパリッとしたところに、ワタの醤油和えを乗せて食べるのもおすすめ。これが旨い！

実際に魚料理を作りながら、コツをマスター！

その日、その時、あるもので工夫するのが楽しいよ！

私はいつも、「口に入れた時に美味しさが頂点になる」ことを念頭に、魚を仕立てています。つまり、仕立てた魚に料理人が、どんな風に火を入れ、味を入れるかを想像しながら仕立てをしているわけです。

本書でも、一般的な仕立て方をお伝えして「はい、終わり」にはしたくないと思い、いくつかレシピを載せることにしました。

サスエ前田魚店では、その日仕入れた魚を一般のお客様におすすめする時に、その魚に合った調理法をお伝えすることがあります。

同じように、この本の撮影の時も、その日手に入った魚と、その日冷蔵庫にあった野菜で魚料理を作りました。あくまでも出たとこ勝負の即興料理。「チャンチャカチャン（テキトー）料理」ではありますが、それぞれの魚に合わせた「旨味を引き出すコツやポイント」を紹介していますので、ぜひ参考にしてみてください。

タイと枝豆の中華風

酒の肴に最高！油通ししたタイは、身もふっくら、旨味凝縮

材料：タイ、塩、枝豆（茹でたもの）、唐辛子、ごま油

(1)タイは三枚におろして背身と腹身に切り分け、濃度3％の塩水に漬ける
(2)15分ほど置いたらタイを取り出してきれいに水気を拭き、冷蔵庫で冷やす
(3)枝豆はサヤを外して、半分に切る
(4)フライパンを温め、ごま油を引いて丸ごとの唐辛子を10〜20本入れる
(5)唐辛子の香りが出たら、枝豆も全量入れて弱火でじっくり炒る
(6)冷えたタイをザルに入れ、熱したごま油をお玉で回しかけて油通しする
(7)キッチンペーパーで油を拭き取り、一口大に切って皿に盛る
(8)唐辛子は取り出し、唐辛子の風味の付いた枝豆を回しかける

仕立てポイント!

塩水に漬ける

塩水に漬けると、浸透圧の作用を使って魚の余分な臭みを取り除き、甘みや旨味を引き立てることができる。塩分濃度は水量に対して3％。いわゆる海水の塩分濃度に近い塩水を作る。

刺身の場合で10分ほど、火を入れるフィレなどの場合は15分ほど漬ける。

塩水に漬けて、魚が浮いてきたら塩が入ったサイン。アジ7分、イワシ15分、カマス5分くらいが目安と心得て。

仕立てポイント!

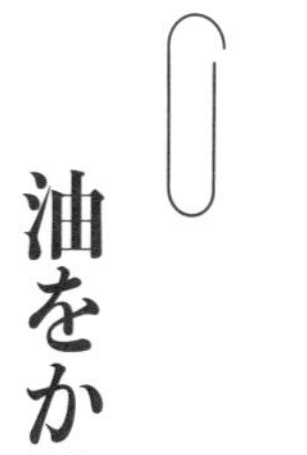

油をかける

冷やしておいたタイをザルに入れ、油で湯引きするような感じで130℃~150℃くらいに熱したごま油を回しかける。余分な水分を取り除き、旨みを封じ込めて香りを付ける効果がある。

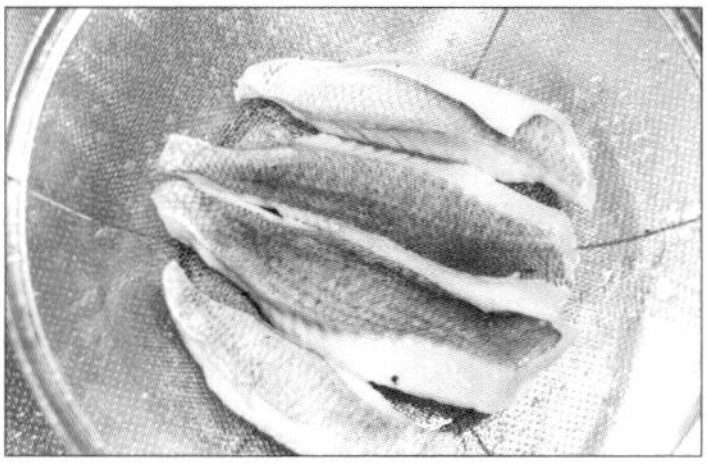

マグロの漬け

ほんのちょっとの技を加えるだけで、いつものマグロが驚きのランクアップ！

材料：マグロのさく、塩、黒酒、醤油、みりん、薬味（お好みでお好きなものを）

（1）マグロのさくは、買ってきたらすぐに塩で締めて、余分な水分を出す
（2）黒酒、醤油、みりんは1対1対0.7の割合で合わせ、漬けダレを作る
（3）マグロを一口大の切り身にする
（4）漬けダレにマグロを漬けて、冷蔵庫で20分ほど置く
（5）薬味を刻んで散らす

前田式 チャンチャカチャン料理 recipe 02

仕立てポイント!

塩で締める

塩を振り、P46、P47の要領で脱水した後、タレに漬けるのがコツ。

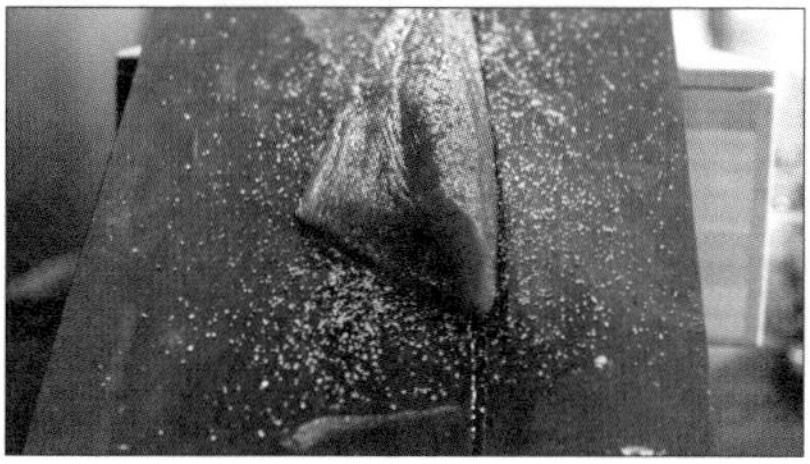

仕立てポイント!

タレに漬ける

赤身のマグロはタンパク質のかたまり。タレに漬けることで表面のタンパク質が溶けて、ツヤがでてなめらかな見た目になる。食感もねっとりとして漬け独特の美味しさが生まれる。

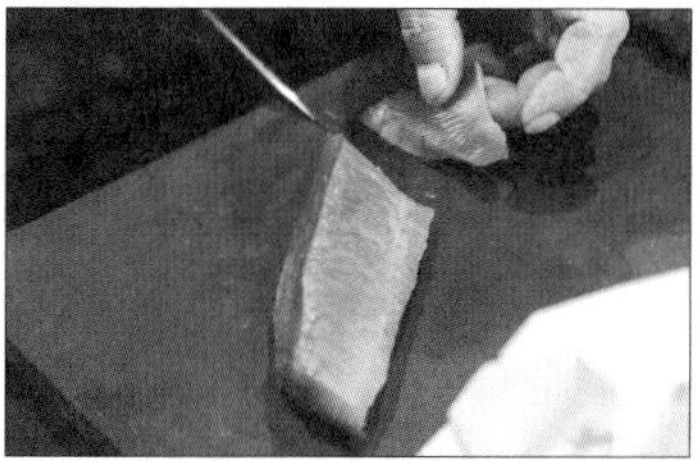

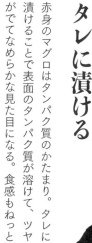

マグロの尾の身

自分で作れると思ってなかった！
希少部位、尾の身を美味しく

材料：マグロの尾の身、酒、ショウガ、太白ごま油、白髪ネギ、パクチー、シーズニング調味料

(1)尾の身は3～5センチ幅に切る
(2)全体が浸るくらいの酒にショウガの千切りを入れて、切った身を漬ける
(3)15分ほど漬けたら、キッチンペーパーに取って水気を拭く
(4)耐熱のビニール袋に太白胡麻油を入れて、水気を拭いた身を浸す
(5)鍋にたっぷりの水を入れて70℃に温め、ビニール袋に入れたマグロを湯煎する
(6)盛りつけて白髪ネギ、パクチーを飾り、お好みのシーズニング調理料をかける

前田式 チャンチャカチャン料理

recipe 03

酒に漬ける

仕立てポイント!

酒に漬けることで臭みが取れ、味が入りやすくなることと、下味としての旨みも浸透する。特に脂肪分の多い魚種や部位におすすめ。

湯煎する

仕立てポイント!

ここでの湯煎のポイントは、太白ごま油を使っていること。質の良い油で低温調理することで、尾の身がホロホロとやわらかくなる。

カマスの低温焼き

淡白なカマスは
洋風の味付けとの相性抜群！
皮目の風味も味わって

材料：カマス、塩、太白ごま油（「マグロの尾の身」で使用）、
付け合わせの野菜（マッシュポテト、キュウリ、コーンなど）

(1)カマスは、三枚におろし、塩を振って冷やしておく
(2)マグロの尾の身を漬けた後の太白ごま油に、カマスを漬ける
(3)フライパンを温め、カマスの皮目を下にして、低温でじっくり焼く
(4)焼き上がったらキッチンペーパーに取り、余分な油を取る
(5)キュウリは薄切りにする
(6)カマスの幅にマッシュポテトを置き、きゅうり、カマスの順に重ねる
(7)茹でたコーンを飾りに乗せる
(8)お好みでカカオニブや、コーンのヒゲを油で軽く揚げたものを乗せる

前田式 チャンチャカチャン料理
recipe 04

ごま油

ごま油は、香りのない生搾りのものから力強い香りのものまでいろいろあるので、好みで選んで楽しもう。

仕立てポイント！

重ね盛り

見栄えが良いだけでなく、口の中に入れた時の豊かな食感と複雑な味わいにつながる。

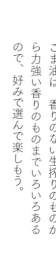

青のりとカマスのポテトボート

青のりとポテトの香りが、ふっくらカマスにベストマッチ

材料：カマス、ジャガイモ、タマネギ、レンコン、青のり（生）、塩、大葉、片栗粉、茹でオクラ、揚げ油

（1）カマスは背開きにして、開いておく
（2）ジャガイモは茹でて潰し、タマネギのみじん切り、レンコンのみじん切り、青のり、塩を加えて、さっくり混ぜる
（3）開いたカマスにフィリングを乗せてふたつに折る
（4）カマスに大葉を巻いて、巻き寿司のようにギュッと握る
（5）片栗粉をはたき、160~170℃の油で揚げる
（6）茹でたオクラのタネをあられのように振りかける
（7）オクラの実も、お好みでつけ合わせる

前田式 チャンチャカチャン料理
recipe 05

背開き

カマスのように細長い魚は背開きの方がきれいにさばける。一尾を丸ごと使えるので見栄えが良く、ごちそう感が出る。

仕立てポイント!

イワシの白髪ネギフリット

大名おろしのイワシにもうひと工夫。香味野菜と合わせてワンランクアップ

材料：イワシ、酢、ショウガ、白ネギ、薄力粉、水、揚げ油

（1）イワシを大名おろしにして、きれいに洗い、水気を拭く
（2）酢水にショウガの千切りを入れて、イワシを漬ける
（3）7分ほど漬けたら、キッチンペーパーに取って水気を拭く
（4）白ネギにイワシを巻きつけ、爪楊枝でとめる
（5）薄力粉を水（または炭酸水）で溶いて衣を作る
（6）揚げ油を170℃に熱し、
　粉をはたいたイワシに衣をつけて揚げる
（7）少し冷めてから輪切りにする。お好みで香草を添える

前田式 チャンチャカチャン料理

recipe 06

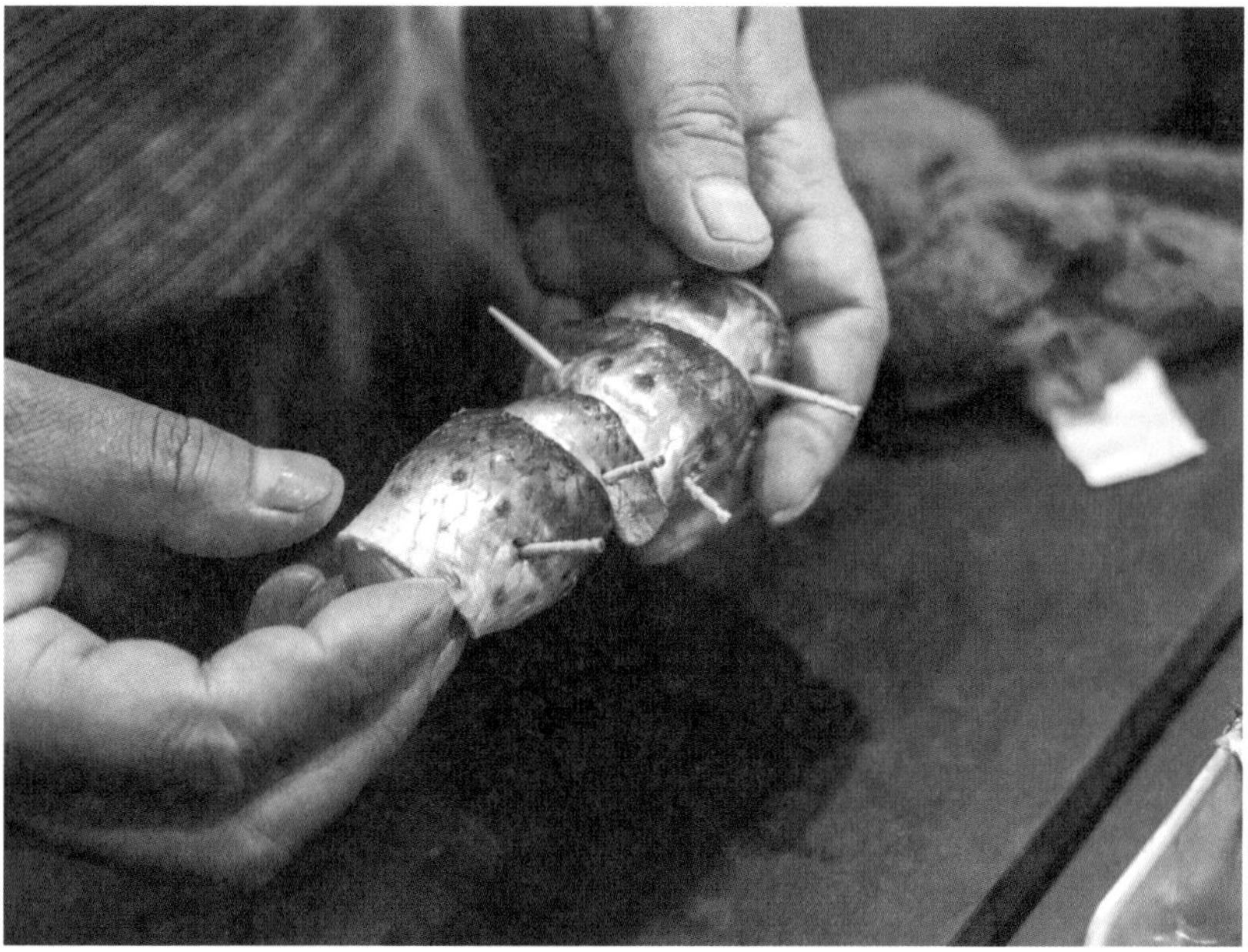

仕立てポイント!

ショウガ酢に漬ける

水1カップに小さじ1弱の酢を混ぜ、刻んだショウガと一緒にバットに入れる。小さなイワシなら、サッと潜らせる程度でOK。臭みが消え、身がしっとりする。

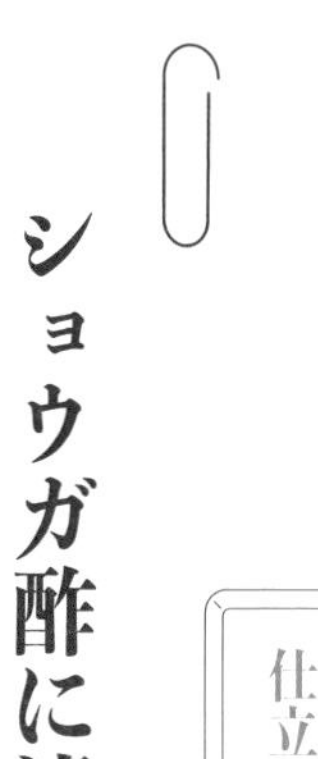

イワシのたたき磯辺揚げ

鮮度抜群のイワシはたたきが最高！揚げて味変、これまた最強なり

材料：イワシ、塩、大葉、ショウガ、板のり、薄力粉、揚げ油

（1）イワシは手開きにして、塩水に漬けて塩分を入れる
（2）イワシの骨を取り、皮を剥ぐ
（3）イワシを薄切りにしてからたたき、バットに移す
（4）大葉を粗くみじん切りにし、ショウガはすりおろす
（5）イワシと大葉、ショウガを合わせて、混ぜ合わせる
（6）粘り気が出たら、塩を加えて混ぜ、いったん冷蔵庫で冷やして休ませる
（7）板のりを適当に切って、ふちに水に溶いた薄力粉を塗り、たたいた具を乗せて巻く
（8）170℃に熱した油で揚げる

仕立てポイント！

塩水に漬ける

ボウルにイワシが浸るぐらいまで水を入れ塩水を作って漬ける（塩分濃度は3％を目安に）。

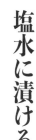

アジのマリネ

酢やレモン汁に
浸すことが多いマリネは、
いろんな種類の酢を試して
変化をつけて

材料：アジ、カカオビネガー

（1）三枚におろしたアジをカカオビネガーに漬ける
（2）5分ほど漬けたら、キッチンペーパーに取って水気を拭く
（3）皮を剥いで、格子状に切り込みを入れる
（4）横半分に切り、丸めるようにして盛りつける

前田式 チャンチャカチャン料理

recipe 08

カカオビネガー

鎌倉に本店を構えるチョコレート専門店MAISON CACAOのカカオビネガー。これまでなかった風味が魚料理の新たな扉を開いてくれそうだ。

仕立てポイント！

皮を剥ぐ

三枚におろしたアジの身の背側の皮を頭の方からつまんで、尻尾に向けてゆっくりと引く。腹あたりまできたら、一気に剥いて、反対側も同様に。

前田式　チャンチャカチャン料理
recipe 09

骨せんべい

アジの美味さの頂点は骨にあり⁉
みんな大好き骨せんべい

材料：三枚おろしをした後のアジの骨、塩、揚げ油

（1）アジの骨は塩水に漬けておく
（2）キッチンペーパーで水気を拭いて、2時間ほど天日に干す
（3）揚げ油を170℃に熱し、骨を入れてじっくり揚げる

仕立てポイント!

日干しする

骨せんべいは塩分濃度2.5％の塩水に10分ほど漬ける。水分を拭き取って日光に2時間ほど干す。このひと手間でサクサク感と旨みがグンとアップ。

アジのなめろう 前田風

新鮮なアジはどうやってもうまいもの。夏に食べたい魚ナンバーワン！

材料：アジ、塩、大葉、ミョウガ、味噌、ごま油、ラー油

(1)アジは三枚におろして皮を剥ぎ、薄切りにしてザクザクした感じに刻む
(2)まな板の上にたたいたアジを広げて塩をふる
(3)大葉とミョウガはみじん切りにする
(4)広げたアジの上に大葉とみょうがを置いて、包丁で混ぜ返す（なるべく触らない）
(5)さらにたたいて、もっちりとしてきたら味噌を加える
(6)ボウルに入れて、ごま油を加えて混ぜ、最後にラー油を少しだけ加える
(7)別のボウルにたっぷりの氷水を用意する
(8)手のひらにたたいたアジを乗せて、軽く握って一口大に絞り出す
(9)氷水にだんご状のアジを入れてギュッと冷やす
(10)揚げる場合は、粉を打って160℃の油に入れ、軽くなってきたら引き上げる

前田式 チャンチャカチャン料理

recipe 10

仕立てポイント！

氷水に入れて冷やす

氷水に入れて2分ほど冷やすと、プルプルとした食感が生まれて食欲をそそる。

すり身の揚げパン

なめろうがエスニックに大変身！スイートチリソースとの相性抜群

材料：食パン、アジのなめろう、揚げ油

（１）食パンは、横に切れ目を入れて開いておく
（２）開いた食パンの片面にアジのなめろうを薄くのばし、もう片面を閉じて挟む
（３）食パンをギュッと押さえ、一枚を４等分する
（４）揚げ油を１６０℃に熱し、きつね色になるまで揚げる

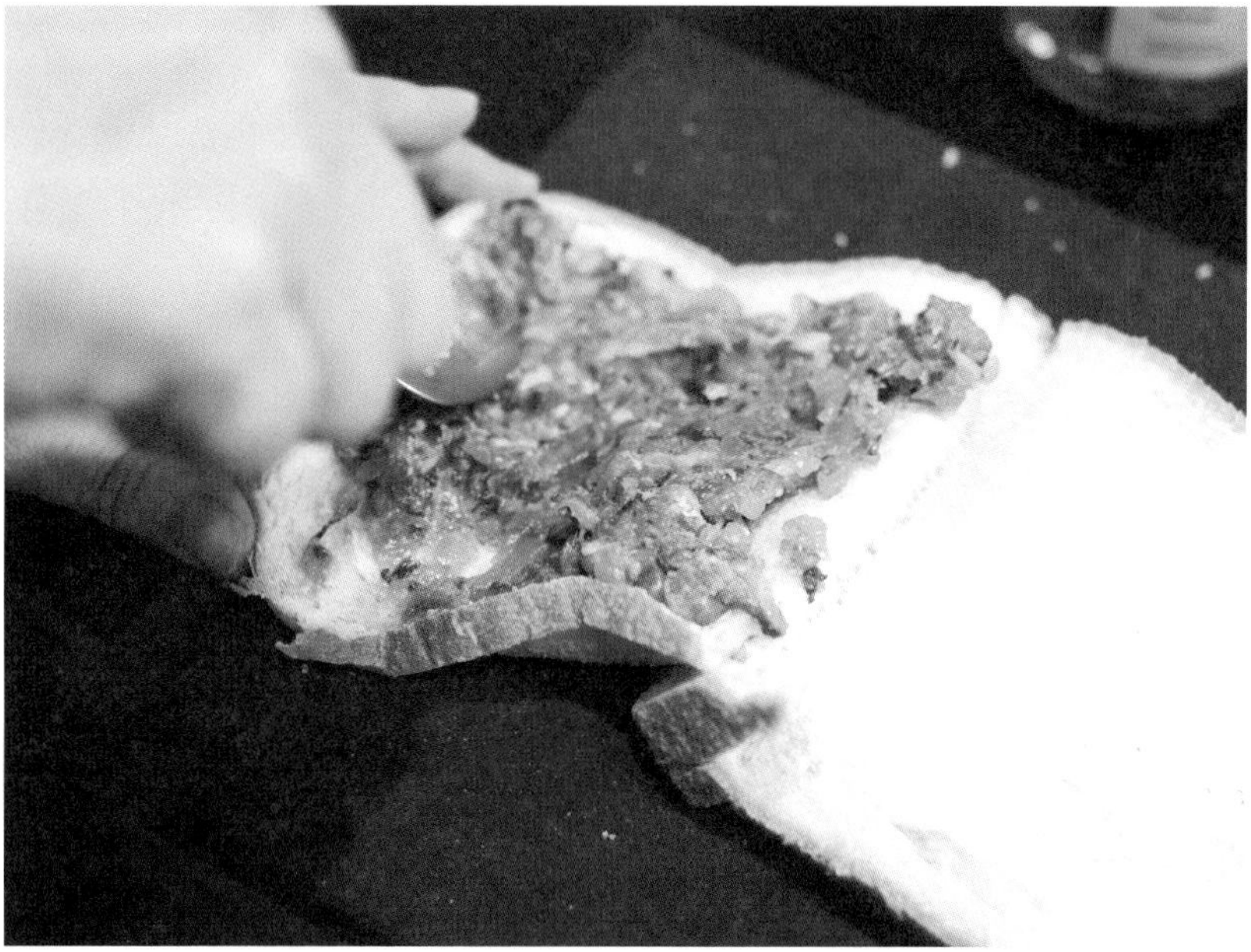

仕立てポイント！

揚げる

油で揚げると旨みを封じ込めることができる。

サーモンと桃のカルパッチョ

サーモンに臭みなんてありましたっけ？な、さっぱりさわやかな一皿

材料：サーモンフィレ、塩、ローズマリー、紫タマネギ、桃、トマト、オリーブオイル

(1)サーモンは買ってきたらすぐに塩をして、余分な水分を抜き、冷やしておく
(2)サーモンの半分は皮をひいて、薄切りにする
(3)フライパンを熱してオリーブオイルを引き、ローズマリーの枝を2本入れて香りを出す
(4)皮をひいていない方のサーモンを入れて、焼き目を付ける
(5)全体に焼き目が付いたら取り出し、薄切りにする
(6)フライパンに残ったオイルでスライスした紫タマネギを和える
(7)桃とトマトは、薄く切っておく
(8)紫タマネギ、桃、生のサーモン、トマトの順に重ね、焼き目を付けたサーモンを添える

前田式 チャンチャカチャン料理

recipe 12

臭いの取り方

仕立てポイント!

まな板に塩を振っておく。皮を下にしてフィレを置き、上からさらに塩を振る。板を斜めに立てかけて常温で1時間以上置くのがコツ。水分が出てきたらきれいに拭いて冷蔵庫で冷やす。

皮をひく

仕立てポイント!

皮を下にしてまな板に置く。左手でフィレの皮の部分を押さえ、右手で上からスッと引くように皮を剥がす。

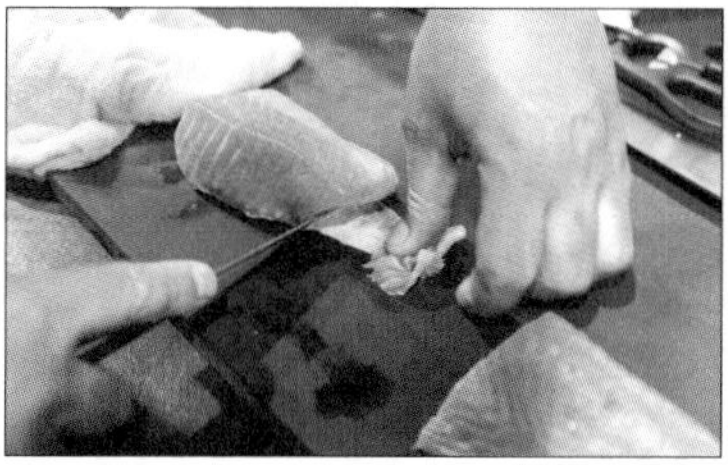

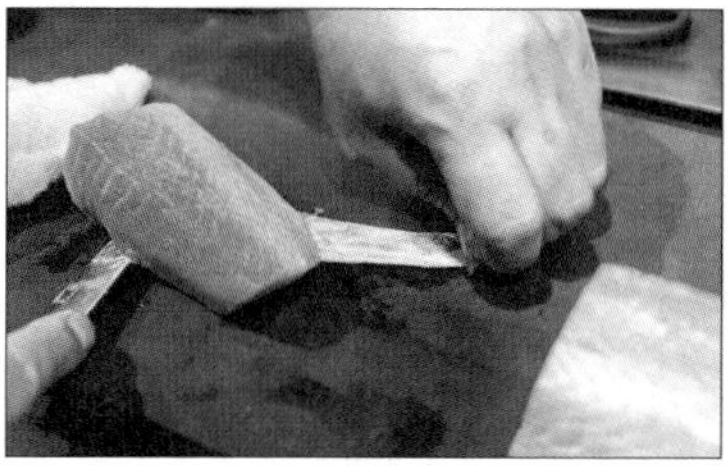

サバの塩茹で

焼きサバに飽きたら、おすすめは茹でサバ。身がふっくら、皮がつるん！

材料：サバ、塩、オリーブオイル、付け合わせの野菜（キクラゲ、オクラ、ローズマリー）

(1)たっぷりの鍋に3％濃度の塩水を温め、55℃くらいの温度でサバに火を通す
(2)サバの表面に熱が入って白くなったら引き上げる
(3)オクラは半分に切って、温めたフライパンに少量のオリーブオイルを引いて焼く
(4)別のフライパンにオリーブオイル少量を引き、ローズマリーの枝を入れて香りを出し、キクラゲを炒める
(5)サバを皿に盛ってオクラとキクラゲをつけ合わせて、オリーブオイルを回しかける

仕立てポイント!

低温に温めた塩水で茹でる

サバは低温で火を入れることで驚くほど身がふっくら、しっとりして皮もつるんとした食感になる。塩水で味を入れつつ臭みを取り除く効果も。

タチウオのフリット

自分でおろした新鮮なタチウオ。洗練された味にきっと驚くはず

前田式 チャンチャカチャン料理

recipe 14

材料：タチウオ、白ネギ、塩、薄力粉、水、唐辛子、揚げ油、ソース（パッションフルーツ、酢、片栗粉）

(1)タチウオは三枚におろして、横半分に切る。
(2)白ネギは、タチウオの幅に合わせて2~3センチに切る
(3)タチウオで白ネギを巻き、爪楊枝でとめ、塩をふる
(4)薄力粉を水（または炭酸水）で溶いて衣を作る
(5)粉をはたいて、衣にくぐらせ、170℃の油で揚げる
(6)唐辛子は、別のフライパンに少量の油を引いて、じっくり炒る
(7)揚げたてのタチウオをボウルに入れ、唐辛子をその上に投入して全体をカバーする
(8)紙でボウルに蓋をして置いておく
(9)パッションフルーツと酢を合わせ、火にかけて水溶き片栗粉を加えてソースを作る
(10)皿にソースを敷いて、唐辛子の香りを付けたタチウオを置く

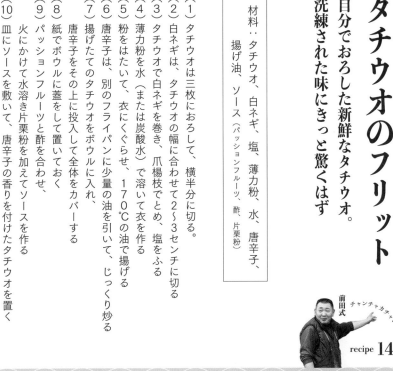

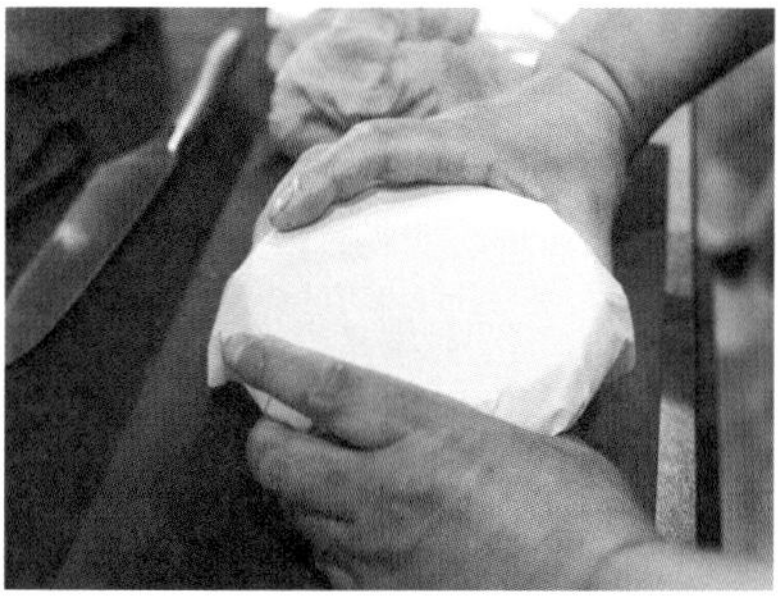

仕立てポイント！

酸味と香りを出す

パッションフルーツがない場合は酸味のあるくだものをいろいろ試してみて。

タコの炒め物

タコは和洋中
なんでも来いの万能選手。
切り方のコツが決め手

材料：アサリ、茹でダコ、枝豆（茹でたもの）、
塩コショウ、ニンニク、茹でシラス、ごま油

（1）鍋にお湯を沸かしてアサリを入れる。アクを取りながら茹でる
（2）アサリを剥き身にする。茹で汁は取っておく
（3）茹でダコは包丁をギザギザに入れながら切る
（4）フライパンにごま油を熱し、切ったタコを炒める
（5）サヤを外した枝豆を加え、塩コショウを振って火を止める
（6）フライパンをきれいに拭いて、もう一度ごま油を入れて熱する
（7）油が熱くなったらスライスしたニンニクを入れて香りを引き出す
（8）茹でシラスを入れてサッと火を通す
（9）シラスにタコを合わせ、アサリの剥き身、茹で汁をひと匙加えて混ぜる

仕立てポイント!

ギザギザに切る

包丁を左右に揺らすようにして、断面がギザギザになるように切る。こうすることで、真っ直ぐ切るよりも段違いに味が出る。

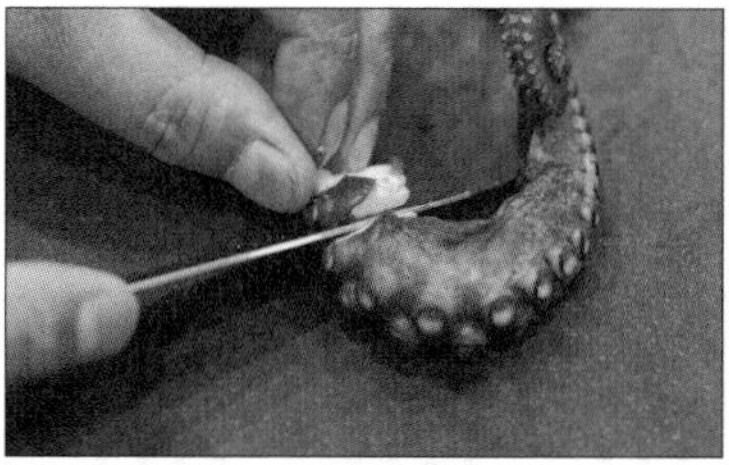

仕立てポイント!

アクを取りながら茹でる

アサリを茹でた後の茹で汁も旨味アップのポイント。最後にひと匙入れるので残しておいて。

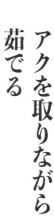

甘エビのカルパッチョ

甘エビ一尾も、丁寧にすべて使い切ればオドロキの味わいに

材料：甘エビ、オリーブオイル、塩

(1)エビは腹側をきれいに洗う
(2)頭を下に向け、脚を背中に向かって回しながら殻を剥く
(3)目玉の下を押さえながら、ツノを引いて頭の殻も外し、前脚も取る
(4)頭の殻はそのまま油で揚げ、細かく刻んでおく
(5)ミソ部分と身を切り離し、ソースにするミソをまな板の上でたたく
(6)エビの身、たたいたミソ、揚げて刻んだ殻を盛りつける
(7)卵を持っていれば、それも出してミソの横に置く
(8)オリーブオイル、塩をかける

頭まで いただくコツ

甘エビの頭の殻は、他の魚を揚げた油などで油通しする。カリカリにしてみじん切りにすれば、料理のトッピングとしていただける。

仕立てポイント！

アサリのチヂミ

アサリは身を食べるものと、
出汁にするもので
使い分ければ二度美味し

材料：アサリ、薄力粉、オクラ、細ネギ、油、茹でシラス、醤油

(1)アサリが浸るくらいの水を鍋に入れて、火にかける
(2)アクが出てきたら、取り除く
(3)アサリの半量を引き上げて殻を外す
(4)残りの半量は5分ほど煮詰めて水分を飛ばし、出汁にする
(5)薄力粉にアサリの出汁を入れて生地を作る
(6)生地に刻んだオクラ、細ネギ、
アサリの身を入れてさっくり混ぜる
(7)熱したフライパンに油を引き、お玉で生地を掬って
円形に広げ、両面焼く
(8)焼き上がったら茹でシラスをたっぷり乗せる
(9)醤油をかける

前田式 チャンチャカチャン料理
recipe 17

仕立てポイント!

半量ずつひと手間かけて

アサリの茹で方にはいろいろな方法があるが、水から茹でて出汁をしっかり取る。身を使いたい場合は、途中で半量を引き上げれば良いだけ。この方法で、二通りのアサリを味わえる。

第3章

サスエ前田魚店の真髄

本づくりのために前田さんの元を何度も訪れ、魚の仕立て術を学んでいるうちに、「どうして前田さんはここまで魚に夢中になれるのだろう」という疑問が湧いてきた制作チーム。ここでは、サスエ前田魚店の歴史や前田さんの魚に対する思いについて取材し、まとめました。

サスエ前田魚店とは？

サスエ前田魚店は、60年以上前に静岡県焼津市で創業された老舗の魚屋。サスエ前田の顔である前田直毅さんはその5代目です。従業員は28人。早朝から市場を飛び回る前田さんを筆頭に、刺身を切るベテラン陣、干物のさばきをひたすら続ける新人達、刺身を並べる女性達、たくさんの人が忙しく立ち働いています。

長年地元のお客様に愛されてきた秘訣は、港町で日々の食卓を彩る魚を丁寧に扱い、リーズナブルに美味しい魚を提供してきたこと。前田さんが始めた「魚革命」ともいえる魚の仕立て方は日本中のフーディ達の間で話題になり、国内外のグランメゾンのシェフ達との交流がメディアでも多く取り上げられています。フィールドを広げつつも、焼津と駿河湾というホームグランドへの想いは変わりません。前田さんやスタッフの「いらっしゃいませ〜」「ありがとうございます〜」という明るい声が飛び交う店内は、今日も魚に目の肥えた港町焼津のお客さん達で賑わっています。

サスエ前田の顔、前田尚毅

5代目の前田尚毅さんは、現社長の4代目前田博さんの長男。幼い頃から母の背中におぶわれて浜を散歩して、拾ったエビを口にしていたという根っからの港っ子です。高校時代からアルバイトとして市場の競りで記録係を務め、水産高校卒業後は沼津の荷受け仲卸業者として修行を積み、家業のサスエ前田魚店に戻りました。厳しかった父の元で魚のさばき方を習い、地元向けの小売用の魚から飲食店向けの魚まで、さまざまな用途と目的の魚の仕立て方を会得しました。30代になると仕入れルートを広げ、県外に魚を送ったり、寿司や丼ものの販売を始めるなど、独自のアイデアで仕事の幅を広げます。次第にグランメゾンのシェフ達からも声がかかるようになり、いつしかサスエ前田・前田尚毅の名は、唯一無二の〝魚屋〟として国内外に知れ渡っていきました。現在、前田さんは飲食業のプロデュースや行政のアドバイザリー業務、海外の魚屋さんへの研修など、仕事の合間に数多くの役をこなし、日本の魚食文化に貢献しています。

魚屋としての使命

今や飛ぶ鳥落とす勢いの前田さんですが、海の状況には頭を悩ませる日々。林業が壊れ、乱獲が進み、温暖化の影響もあって潮の流れが変わり、魚の獲れる場所も、獲れる種類も大きく様変わりしつつあるからです。家康公が食べていたというオキツダイ（シロアマダイ）が、４００年以上経った今でも食べられるのは素晴らしいことですが、沿岸のタコ、貝類がほぼ獲れなくなってしまったことは、前田さんの世代に起きた大きな異変です。――昔は魚が多かったから、魚屋も困ったことなどなかった。30年前に比べると、漁獲量が目に見えて減ってしまった。海水温の上昇、異常気象、地球規模の変化に対してできることは本当にあるのか――「便利な世の中になったけど、人間自体が不便利になった

よね」。山と海、そして川。すべてがつながっていることを蔑ろにして、その場しのぎの破壊を続けているのが人間だ、と前田さんは言います。それでも「たった一人から始まったことで地域が変わったら、すごくないすか？」と話す目は真剣そのもの。誰もが不可能だと笑うことをこれまでも実現させてきました。「自分の代でどこまでコトを起こせるか。まだまだやりますよ！」

将来も、魚を食べる文化をつなげていきたい。その願いの第一歩として、いつか焼津〜駿河湾に魚の産卵場を作りたい、と目を輝かせる前田さん。大きな大きな夢の始まりです。

前田尚毅の大いなるルーティーン

早朝

early morning

漁港でセリ

競り落とした魚をその場で処理する。風が吹き荒ぶ冬の市場でも、数時間はかかるこの作業が毎日早朝から行われている。

競り落とした魚を
その場で下処理

全ては魚のために

サスエ前田では毎朝、県内数カ所の港で行われているセリにスタッフが仕入れに行きます。前田さんももちろん早朝からセリに参戦。焼津港、そしてサスエで扱う魚の9割を占める小川港が前田さんの担当です。市場での前田さんの動きは独特。セリを前に、次々に運び入れられるその日の魚を皆が吟味している中、荷を降ろし終わった船頭と少し離れたところで話をしています。その日の魚はすでに一番乗りでチェック済み。漁師さん達から直に海の話を聞き、情報を仕入れているのです。漁師さんからの情報を得て、天候をアプリでチェックし、この先数日間の状況を把握。仕入れが難しくなりそうな状況を予測できたら、夜中だろうと夜明けだろうとすぐに行動開始。県内に10カ所はある仕入れ先の市場や、関係者に連絡を取って、店に並べられる商品を調達します。漁業はたしかに自然相手の仕事ですが、「売るものがない」などという事態はサスエ前田では言語道断なのです。

セリが始まると、前田さんは欲しいものだけサッと買い付けて市場の中に置いてある黒い水槽へと向かいます。ここには小川港から船で数分のところにある定置網で獲れた朝獲れの魚が泳いでいます。前田さんと同じく、魚への志がある漁師さんが、前田さんのために活かしの魚を入れてくれているのです。ここに泳いでいるのは、漁師、魚屋のバトンリレーを受け取るシェフ達のために、前田さんが特別に仕立てる魚です。

魚の筋肉にはエネルギー源としてATPという物質があります。このATPは魚が死んで死後硬直が始まると、ADP→AMP→IMP（イノシン酸）へと変化しますが、旨味成分であるイノシン酸は、時間と共に今度は臭み成分に変化していきます。神経締めは、魚の脳が死んだ後もまだ生きている脊髄がATPを消費してしまうことを抑え、死後硬直の始まりを遅らせせます。前田さんは毎日、その日の魚の状態を見極め、最も適したタイミングで神経締めを行うと、氷の量や冷やし方を魚種や大きさ、状態によって変えてその魚のポテンシャルを一番引き出した形で魚を〝作っている〟のです。

morning

朝

ジャンケン!?

毎朝、自らサスエ前田に仕入れに来るシェフ達は、前田さんと志を同じくする熱い気持ちの6人。ジャンケンに勝った料理人から良い魚を。一見ふざけているように見えるし、実際、笑い声の響く時間なのだが、実に公正、そして皆、目は真剣だ。

仕入れた魚はその場でさばけるよう、場所を提供している。名だたるシェフが雁首を揃えて、手早く魚の処理をしている様子は何度見ても圧巻。

静岡市「成生」
焼津市「茶懐石 温石」
静岡市「Simples」
静岡市「日本料理 FUJI」
焼津市「馳走 西健一」
焼津市「なかむら」

魚に合う野菜を仕入れに行くというシェフについて、大井川近くの農園に。魚だけでなく、地の野菜を選ぶ目も厳しい。メディアに現れる華やかな顔の裏に、日々のたゆまぬ努力の積み重ねがあることがよくわかる。

店に立つ

料理人のための朝の時間が終わると、前田さんは店に立つ。小さなイワシ1匹を大事に扱ってきたサスエ前田の店内は、いつも近隣の人達で賑わっている。常連さんや、前田さんを訪ねてくる遠方のお客さん、分け隔てなく気さくに話をしながら、手を動かす。

　新鮮な魚をさばいて、店の屋上で天日干しした干物は絶品。

night

夜

夜な夜な会

地元の魚を、地元のシェフが最高の一皿に仕上げてくれたら、それこそが地域の宝になる。前田さんの熱意に共感するシェフ達が、3人、5人、6人、と集まってきた。

彼らのために、そして自らの成長のために前田さんは「夜な夜な会」を立ち上げた。

夜中まで仕事をして、翌朝にはサスエ前田に自ら仕入れに来る特別なシェフ達の店を前田さんが巡回し、魚談義をする会だ。「こっちが全力で投げた球を、倍にして返してくる奴らがいる。すごいことだよね」と前田さんは、嬉しそうに笑う。

私がサカナに夢中で居続けられる理由

サスエ前田に生まれて

サスエ前田は、焼津市内で60年以上続く老舗の魚屋です。地元焼津で長年お客様に支えていただいていますが、その秘訣は日常食としての美味しくて安い魚を提供してきたからだと自負しています。現在は、75歳の父がトップに立ち、24歳の息子も社員として働いています。

そんな生粋の魚屋に生まれ落ちた5代目の私は、幼い頃は先生を困らせ、学校に馴染めない子どもでした。高校時代に始めたアルバイトはどれも1ヶ月と続かなかったのに、仕方なく始めた魚屋は不思議と楽しかったんですね。おじいちゃんと一緒に干物を干し、当時200軒以上あった市場に同行する。活気のある市場で、周囲のおじいさん達に「高校生なのにえらいなあ」と褒められて小遣いをもらったりしていました。

高校を卒業すると、沼津の荷受け仲卸の会社に就職。2年間の修行の後、実家であるサスエ前田魚店に入社。カツオ漁に活気があり、カツオが今とはケタ違いに獲れていた時代のことです。忙しさは当然でしたが、仕事に厳しい父の元で、1年半イワシの頭取りと掃除のみをひたすらやらされていました。

そんな時代に、私はある料理人の親方に出会います。親方は私に目をかけ、どんな時も、それこそ父である社長が選んだ魚より明らかに良くない魚を持っていった時でも、私の選んだ魚を信じ、それを使い続けてくれた人でした。自分という人間を信じてくれる人に出会った時が、私の最初の転機だったかもしれません。それからは、父に「漁場を覚えろ」と言われれば日本地図を買って勉強し、市場ではセリの心理戦を真剣に観察し、親方の気持ちに報いたいと懸命に学ぶようになりました。10年ほどそんなことを続けて、その親方が病に倒れ、余命宣告を受けた時が二度目の転機です。「いつかお前のもとに新しい料理人が来るから、その時は全力で支援してやれ」。親方の言葉を受けて、出会ったのが、後に全国でトップクラスの天ぷら屋になる成生でした。

スイッチが入る

私が成生と出会い、二人三脚で歩み始めて17年になります。当時付き合いのあった料理人のお客さんのほとんどが、どんどん変化していく私とは合わなくなり去っていった一方、国内外の一流メゾンの料理人達の中に、私が試行錯誤してやっていることに注目してくれる人が増え、注文は年々増えていきました。現在では取引のある国内外の飲食店は100軒以上あるでしょうか。さらに、父親同士の付き合いがあった焼津の温石の2代目、丸子に移転したSimples、静岡市のFUJIと地元料理人の仲間が増え、少しでも焼津に近い場所で私の魚を使いたいと、馳走 西健一の西さんのように広島から焼津に越してくる人まで現れました。尋常ではない情熱を持ったシェフ達を目の前に、私は自分の料理を食べる機会のない料理人さんと一緒に、着席して食べながら話をする通称〝夜な夜な会〟を作りました。

そんなことを続けていくと次第に飲食店の舞台裏が見えるようになり、魚を売るだけではなく、料理屋の原価のことまで考えて魚を売る、その料理人のことまで考えて魚の状態を整えるようになっていったんです。相手の懐が見えるようになると、値切られないようになり、料理人のやりたいことも見えてきてさらに工夫を凝らすようになり、そこまでやってようやく一流のシェフ達と対等な関係を築くことができてきたと思っているんです。日々やっているシェフ達が使う魚への手間ひまを、私は「仕立て」と呼んでいます。着物の反物を作る人がいて、出来上がった着物を売る人がいる、その真ん中にいるのが、着物を仕立てる人じゃないですか。そのバトンリレーは、魚を獲る人がいて、魚をきれいにして美味しく売る人がいて、料理する人がいる、この仕事と同じことなんですよね。それなら私のやっていることは「仕立てだ」と思ったわけです。

魚屋の日常は、就業時間はセリが始まる6時から、早くても18時半、魚の発送などの作業や、午後のセリで出物があって取りに行くなどの突発事項が入って遅くなれば22時過ぎまでと、なかなかハードです。パートも含めた従業員は現在28人。刺身を切れるベテランはこのうち7人。みんな朝から忙しく働いてくれています。私自身はさらに店が終わった後に料理人の店を回り、夜中でも注文を受けますし、漁師さんが漁場の様子を知らせてくれればいつでも対応できるようLINEのチェックを欠かしません。

サスエ前田に戻ってきてから31年、今も社長は父がやってくれていますが、県外に魚を卸す、寿司やどんぶりを提供する、仕入れルートを拡大する、などのことは私の代で始めました。父は昔は一挙手一頭足に厳しい人だったけれど、今はようやく私のやることを見守ってくれているんじゃないでしょうか。

三度目の転機

そんなふうに精力的に働いてきた私ですが、40代になって大きな病を患うことになりました。足を切断しなければならないかもしれないという状態になった私を案じて、料理人達は毎日のように料理を届けがてら様子を見にきてくれました。特に、旧知の成生とはよく話をして、もっと地元の食材に特化してやりたいね、とじっくり語り合いました。駿河湾には、高級魚はいない。けれど、駿河湾で獲れたものがいち早く、もっとも鮮度の良い状態で仕入れられるのが前田の売りだとすると、その食材の価値そのものを高めていかなければ勝ち目はないわけです。獲り方も大事だし、魚のコンディションも大事。バトンリレーをつなぐために今以上のどんな工夫ができるのか。自分の身体の大切さを痛感する中で、まだやり残していることがたくさんあると新たな闘志を燃やしました。大きな手術を経て退院すると、以前は取り合ってももらえなかった焼津小川港の定置網漁師さん達と話す機会を作ろうと奔走しました。そこで私が提案したのは前代未聞の「定置網漁で獲れた魚の生簀を作る」という案。同時に、地元焼津の後輩池田君のツテを辿って、船頭さんに夜な夜な会に来てもらうことに成功しました。処理の違う魚の食べ比べをしてもらうと、その瞬間に、船頭さんの意識が大きく変わりました……それが2年前のことです。私も料理人も、漁師の気持ち、漁師の仕事を知るようになって、できること、やりたいことがまた大きく進化したんです。魚の締め方、冷やし方で魚の保水性を保ってやり、火力に耐え切れる素材に〝仕立て〟る。素材に対する探究心を無くさないというよりは、獲れた魚との一期一会、作る人、食べる人との一期一会を想像しながら毎日を新鮮に過ごしているといった方が伝わるでしょうか。漁師、魚屋、料理人、食べる人、この点と点が線になることで見えてくるものが、私達が考える最高の〝食〟のあり方です。

あとがき

「本当の美味しさって何か？　と考えたらやっぱり人かな」と私は思います。技術や知識だけでは出ない味というのは、〝温度〟なんです。誰かのことを想って行う仕事や所作は、伝わり方が違うもの。私は母が作ってくれたイワシの蒲焼が大好きです。そこには家族を想う気持ちがあって、だからこそ美味しく食べさせようという工夫がされているからです。

私はお金を出せば買えるものを怖いと思ったことはありません。一番初めは〝金〟の話だった関係性も、お互いのやっていることを理解し、リスペクトが生まれていくと、全く違うものになっていきます。代わりのいない関係性の中で、互いにしか出せない間合いが生まれてくるものです。

私は魚屋だから、魚の水分量、温度、ここに注力して魚を仕立てていく。人の〝温度〟は、実際にはそこに介在しません。けれど自分が仕立てる魚のために、最大限の努力で魚を揃えてくれる漁師さんがいて、その魚を最高の技術力で調理するシェフがいるからこそ、そこに〝価値〟が生まれます。そうやってお互いにエネルギーの交換をし合って、真剣勝負で高め合うことは、金では買えない価値なんです。夢中になって仕事をして、最後に「美味しかった！」と言ってもらえたらいろいろなこと全てがチャラになる。数字でもらえる満足と、自分が感じる満足。後者の価値って計り知れないものです。これが、私が魚屋をやめられない最大の理由かもしれません。

焼

前田 尚毅（マエダ ナオキ）

1974年、静岡県焼津市生まれ。

60年以上続く「サスエ前田魚店」の5代目店主。

水産高校卒業後、水産会社で荷受けや仲卸の仕事を学んだ後、1995年に家業のサスエ前田魚店に入り、地元客向けの小売と飲食店向けの専門販売の仕込み技術を身に付ける。ミシュラン三ツ星を獲得、世界のベストレストラン50にランクインした多数のグランメゾンなど、日本のスターシェフだけでなく、フランスをはじめ世界中（50カ国）の一流料理人が仕込み技術を学びに焼津を訪れる。著書に『冷やしとひと塩で魚はグッとうまくなる』（飛鳥新社／刊）がある。

サスエ前田式　最高に旨い魚の仕立て術

2024年7月16日　第1刷発行

著 者	前田尚毅
構成ライティング	田邊詩野（子鹿社）
デザイン	松下理恵子・松下達矢（BACCO）
編 集	松本貴子（産業編集センター）
制作協力	竹本油脂株式会社 / MAISON CACAO 株式会社
発 行	株式会社産業編集センター 〒112-0011 東京都文京区千石4丁目39番17号 TEL 03-5395-6133　FAX 03-5395-5320
印刷・製本	萩原印刷株式会社

ISBN978-4-86311-411-1　C0077